한국경제성장의 허와 실 그리고 미래

양종기 박사의 **경제이야기 1**

국민행복시대는 열릴 것인가?

한국경제성장의 허와실 그리고 미래

머 | 리 | 말 |

박근혜 대통령 당선인은 2013~2017년 집권기간 동안 국민행복시대를 열겠다고 다짐하였다. 그런데 국민 개개인이 행복을 느낄 수 있는 조건과 상황은 어떤 것을 말하는 것일까? 가장 알기 쉽게 말하자면 남북분단의 처지와 서울 수도권에 우글거리며 살고 있는 국민들이 우선 먹고 입고 사는 의식주에 만족해야 할 것이고 국민 개개인의 주변을 둘러싼 국가적 상황과 치안이 평화스럽고 안정돼 있어야 할 것이다. 과연 이 같은 조건을 박근혜 당선인이 5년 동안 잘 해낼 수 있을까. 특히 경제 분야는 현실이며 하루아침에 달라질 수 없기에 박근혜 당선인이 그의 밑그림대로 과연 해 낼 수 있을까 걱정이다. 한국 현실은 너무 많은 문제로 산적해 있다. 도시와 농촌이 서로 현저한 격차로 발전해 있고 계층, 지역 간 소득격차도 매우 크며 사회복지 그물망이 선진국에 비해 크게 뒤 떨어져 있다. 특히 서유럽 대륙 국가들과 비교하면 한국의 발전 단계는 형편없는 수준에 있다. 중소대기업들도 국제경쟁력 측면에서 보면 구미 선진국의 기업들에 비해 상당히 뒤처져 있다. 부정부패와 사회부조리, 파행적인 법집행 난무 등이 매일 매스컴을 장식하고 있다. 이처럼 뒤엉킨 경제사회이기에 박근혜 대통령 당선인이 내건 국민행복시대를 여는 것이 희망대로 될 것인지 조바심 반 의심 반의 심정을 떨쳐버릴 수 없다. 2013년 올 해는 글로벌 경제침체 속에 국내외 저성장(低成長) 기조가 장기화되고 초저금리 위기 상황이 지속될 것으로 보인 가운데 무거운 숙제와 과제들을 풀어야 할 것이다. 앞으로 5년의 집권기간 동안 박근혜 새 정부의 대응 여하에 따라 한국은 일류국가로 도약하는 또 하나의 전기를 마련할 수 있거나 아니면 해방 후 65년 이상 걷고 있는 과도기를 계속 연장하는 정체된 상태로 남을 것인가가 판가름 날 것이다. 한국 정부는 근본적인 체질 개선과 함께 새로운 국가경영의 새로운 패러다임을 구축해야 하며 혁신을 더욱 철저히 실천하는 길 밖에 없다. 이명박 보수정부에 이어 다시 탄생한 박근혜 보수정부는 '창의적 변화, 혁신, 도전'을 캐치프라이즈로 차별화된 국가경쟁력을 강화하고 국민의 이익과 권익을 중심으로 한 국가사회로 완벽히 변신해 나가야할 것이다. 본서는 박근혜 정부의 앞날을 중심에 두고 한국경제현실을 분석적인 시각에서 접근하고 있다.

2013년 1월

고양 일산

사저에서

차 | 례 |

1. 박근혜 집권기(2013~2017년) 국민행복시대는 열릴 것인가?

한국은 세계에서 최고 잘 살고 있다는 스위스 보다 인구수나 땅덩어리에서 비교할 수 없으리만큼 큰 나라이다. 한국역사도 스위스 못지않게 깊은 나라이다. 경제발전의 역사에서 볼 때 스위스는 100년 동안에 오늘의 최고 복지국가수준을 갖추었다. 한국은 해방 후 65년 이상의 세월을 보냈지만 경제발전은 아직 스위스의 발전 수준과 거리가 멀다. 스위스는 2013년의 경우 세계에서 가장 태어나기 좋은 곳으로 평가 받고 있다. 세계 각국을 대상으로 새로 태어나는 국민에게 건강과 안전, 부유한 삶을 살 수 있는 기회를 얼마만큼 제공할 수 있는가의 측정에서 세계 최고로 좋은 곳으로 평가된 것이다[경제 분석 기관 EIU조사]. 이 조사는 여기에 지리 · 환경적 특성, 문화적 성격, 기대 수명, 이혼율을 고려한 가족 행복도 등 11개 항목에 대한 만족도를 조사하고, 2013년에 태어나는 아이들이 성인이 되는 2031년을 기준으로 객관적 수치를 순위로 매겼다. 이 순위에서 스위스는 다른 국가에서 태어난 사람들보다 국민들의 행복지수가 높으며 더 부유하고 안전한 삶을 살 수 있는 곳으로 가장 태어나기 좋은 국가 1위로 선정된 것이다. 뒤 이어 호주와 노르웨이, 스웨덴, 덴마크 등이 상위권을 차지했다. 상위권 10위 내에 드는 국가들 중 절반은 유럽 국가들이다. 아시아 국가에서는 싱가포르가 6위로 가장 높은 성적을 올렸다. 또 홍콩 10위, 타이완 14위, 일본 25위, 중국 49위 등을 기록했으며 한국은 19위에 올랐다. 한국은 GDP규모 순위 13위권이지만 태어나기 좋은 국가 순위에서는 싱가포르, 홍콩, 타이완 등 아세아 소국이나 도시국가에 비해 크게 뒤졌고 주요 유럽 국가들보다 크게 뒤져 있다. 한국에서 태어날 미래 세대는 앞선 세대가 잘 못 관리한 유산과 환경을 이어받는 처지가 되고 있음을 잘 보여주고 있다.

한국은 스위스보다 비교할 수 없을 만큼 인구도 많고 땅덩어리도 크다. 또한 양질의 인재들도 많은 것으로 평가받고 있다. 스위스가 이 만큼 살기 좋은 것으로 발전해 세계 최고의 국민경제 경제력과 세계 최고의 국제적 기업경쟁력 수준에 도달한 것은 19~20세기를 거치는 100년 정도밖에 안 된다. 한국경제는 해방이후 65년의 세월을 보내고 지금 선진국 문턱에 앉아 있다. 하지만 한국은 태어나기 좋은 국가 순위에서 뿐만 아니라 1인당 소득수준, 부정부패 정도, 주민자치와 정치운영, 복지체계와 수준, 대표적인 우량기업의 국제경쟁력과 대기업의 지배구조, 국가경쟁력 등의 면에서 비교할 수 없을 만큼 초라하고 형편없다. 초강국 미국은 1988년 '태어나기 좋은 국가 TOP50'

에서 1위를 차지한 뒤 지금까지 단 한번도 1위 자리를 되찾지 못했다. 2012년 조사에서도 독일과 함께 16위에 머물렀다. 내년에 태어날 미국의 미래 세대는 베이비부머 세대의 막대한 빚을 물려받을 것이라고 전망했다[서울신문 나우 뉴스, 2012.11.29./영국 이코노미스트 보도/이코노미스트 계열 경제 분석기관 EIU(Economist Intelligence Unit)].

구분	스위스 (Switzerland)	남한 (Sued-Korea)
수도	베른 Bern	서울 Seoul
최대도시	츄리히 Zurich	서울 Seoul
정부	직접민주 연방국가 Directly-democratic directorial federal republic : • Federal Council (주별 6인 대표자 구성) • Federal Chancellor	단일대통령제 국가 Unitary presidential constitutional republic : • President Park Keun Hae (2013~2017년)
의회	연방의회 Federal Assembly : • 상원 Upper house / Council of States • 하원 Lower house / National Council	국회 National Assembly
영토	• 총면적 41,285㎢(133위) / 15,940 sq mi • 수량 4.2%	• 100,210㎢ (109위) / 38,691 sq mi • 수량 0.3%

구분	스위스 (Switzerland)	남한 (Sued-Korea)
인구 / 인구밀도	• 2012년 추정 8,000,000(96위) • 188/㎢ (65위)/477.4/sq mi]	• 2012년 추정 50,004,441(25위) • 491/㎢(21위)/1,271/sq mi
GDP (PPP)	• 총 $339.890 billion (2011년 추정) • 자본단위당 $43,369	• 총 $1.622 trillion(12위) (2012년 추정) • 자본단위당 $32,431(25위)
GDP (명목)	• 총 $636.059 billion (2011년 추정) • 자본단위당 $81,160	• 총 $1.151 trillion(15위) (2012년 추정) • 자본단위당 $23,020(32위)
지니계수	33.7(2009년)	31.0(2010년)
인간개발 지수HDI	(2011년) 0.903 (매우 높음) (11위)	(2011년) 0.897 (매우 높음) (15위)

기업의 국제경쟁력 측면에서는 스위스와 한국의 대표적 지수에 들어 있는 기업들의 면면을 통해 쉽게 비교할 수 있다. 스위스 기업들은 모두 세계적인 기업들이며 소유주는 가계이지만 모두 전문기업들이고 강력한 질적, 가격적인 국제경쟁력을 갖고 있다. 반면 한국의 대표 기업들은 대부분 재벌집단의 계열사들이고 비전문 계열사를 많이 거느리고 있다. 한국기업들은 소수 기업을 제외하곤 국제경쟁력과 경영 활동영역에서도 아직 크게 뒤 떨어져 있다. 기업지배구조에서도 한국의 대표 기업들은 대부분 혈족 중심의 기업경영이 이루어지고

있는 반면 스위스 대표 기업들은 가족이 소유주이지만 한국형 기업 구조를 완전히 탈피하고 있다. 미국과 독일의 대표 기업에서도 한국과의 극심한 차이를 간취할 수 있다.

■ 스위스 SMI지수

ABB Energie-und Automationstechnik / Actelion Pharma / Adecco Dienstleistung / Credit Suisse Finanzdienstleistung / Geberit Sanitärtechnik / Givaudan Chemische Industrie, Lebensmittelindustrie / Holcim Baustoffe / Julius Bär Bank /Nestlé Nahrungsmittel / Novartis Pharma / Richemont Luxusgüter / Roche Pharma / SGS Warenprüfung / Swatch Group Uhren / Swiss Re Versicherung / Swisscom Telekommunikation / Syngenta Agrar / Transocean Tiefseebohrungen / UBS Finanzdienstleister / Zurich Banken und Versicherung

■ 한국 코스피 지수

As of July 2012, KOSPI has over 780 components. Top 10 stocks by market capitalization are: Samsung Electronics / Hyundai Motor / POSCO / Kia Motors / Hyundai Mobis / LG Chemical / Samsung Life Insurance / Hyundai Heavy Industries / Shinhan Financial Group / Korea Electric Power

참고로 스위스의 대표기업들과 국제무대에서 똑같이 경쟁하고 있는 독일과 미국의 대표기업들을 상장기업들 중심으로 아래에 소개하고 있다.

■ 독일 DAX

Adidas Sportartikel / Allianz Versicherungen / BASF Chemie / Bayer Chemie und Pharma / Beiersdorf Drogerie-und Kosmetikgüter / BMW Automobilproduktion / Commerzbank Banken / Continental AG Fahrzeuge und Maschinen / Daimler Automobilproduktion / Deutsche Bank Banken / Deutsche Börse Sonstiger Handel / Deutsche Post Gütertransport / Deutsche Telekom Kommunikationsdienste / E.ON Energieversorgung / Fresenius Medical Care Medizintechnik / Fresenius SE Medizintechnik / HeidelbergCement Baumaterial und-komponenten / Henkel Drogerie und Kosmetikgüter / Infineon Technologies Halbleiterindustrie / K+S Chemie / Lanxess Spezialchemie / Linde Industriegase und Anlagenbau / Lufthansa Fluggesellschaften / Merck Chemie und Pharma / Munich Re Versicherungen / RWE Energieversorgung / SAP Standardsoftware / Siemens Elektrotechnik / ThyssenKrupp Stahl / Volkswagen Automobilproduktion

■ 미국 다우지수 30개 편입 종목

3M(광물원자재채굴기업) / Alcoa(알미늄기업) / Chevron(석유생산기업) / ExxonMobil(석유기업) / Caterpillar(광물생산기업) / Boeing(항공방위기업) / United Technologies Corporation(항공방위기업) / AT&T(통신기업) / Cisco Systems(전자기업) / General Electric(전자전기기업) / Hewlett-Packard(전자기업) / Intel(전자기업) / IBM(전자기업) / Microsoft(소프트웨어기업) / Verizon Communications(통신서비스기업) / Merck(제약사) / DuPont(제약사) / Johnson & Johnson(제약사) / Pfizer(제약사) / Kraft Foods(가공식품기업) / McDonald's (식품유통기업) / Coca-Cola(음료식품기업) / Procter & Gamble(소비재제조기업) / Home Depot(건자재유통기업) Wal- Mart(유통기업) / Walt Disney(오락문화기업) / American Express(금융업) / Bank of America(금융업) / JPMorgan Chase(금융업)

다음 글들은 국민경제와 관련된 세세한 내용들과 앞으로 들어설 박근혜 신정부의 미래 경제상황과 발전 모습 예상 및 정책방향에 대해 일정한 순서 없이 다루고 있다.

2. 한국 1인당 국내총생산의 장기 전망

한국의 1인당 국내총생산(GDP)이 이르면 3~4년 후 선진국 기준선에 해당하는 3만 달러를 돌파할 것이다. 다시 말해서 박근혜 정부 집권 기간 내에 3만 달러 수준에 도달 할 수 있다는 이야기가 된다. 한국은 2007년 1인당 GDP가 2만1천590달러로 2만 달러에 올라서고 나서 약 10년 만인 2016~2017년께 3만 달러를 달성할 것으로 본다는 것이다. 연 3%대 경제성장률에 지속적인 환율 하락세 등을 고려하면 한국은 2015년 2만9천여 달러에 이르고 나서 2016년에 3만 달러를 돌파할 것으로 예측한다. 이 같은 경제성장은 연 3%, 물가상승률은 연 2%, 원·달러 환율 하락률은 연 5%로 놓고 얻은 추정치이다. 한국이 대외부문 의존도가 높은 점을 고려할 때 세계 경제성장률 등 외부 변수에 따라 조금 변동이 있겠지만 1~2년 정도 더 늦어질 뿐이라고 예측한다. 이미 2012년 10월 IMF는 세계경제 전망에서 한국의 1인당 GDP가 2017년에 3만 달러를 넘어서 3만1천825달러에 이를 것으로 예상했다. 작년 1인당 예상 GDP가 3만 달러 이상인 나라는 홍콩특별행정구를 제외하고 총 27개국이다. 이 중 인구 5천만 명 이상 국가는 미국(4만9천601달러), 일본(4만6천972달러), 독일(4만 2천625달러), 프랑스(4만2천793달러), 영국(3만8천891달러), 이탈리아 (3만3천942달러) 6개국에 불과했다. 하지만, 저성장으로 3만 달러에 도달하는 데 시간이 더 걸릴 것이라는 비관적 전망도 있다. 2013년 한국 GDP가 3%대 성장을 할 것으로 예상하고 앞으로 남은 해 5% 정도로 꾸준히 성장해도 7년 정도 후에야 3만 달러 선을 넘고 만약 5% 아래로 유지된다면 10년 정도는 더 걸릴 것이라고 내다본다. 현재 1 인당 GDP 수준을 고려하면 3만 달러 목표 달성까지 30~40% 추가 성장을 해야 하는데 적어도 5년 이상의 시간이 소요될 것이란 추정에 근거한 것이다[서울=연합뉴스, 박상돈 박성진 기자, 2013.1.2./금융투자업계와 민간경제연구소, 국제통화기금(IMF)의 전망].

3. 한국의 잠재성장률과 장기성장 전망

자원이 풍부하고 내수시장이 큰 대형국가들과 달리 우리나라처럼 왜소한 국가는 많은 인구와 폭 넓은 계층과 지역이 높은 소득수준을 가져와야만 지속 가능한 높은 차원의 경제발전을 유지할 수 있다. 우리나라는 지난해 2.1%(추정치) '저성장'을 기록한 데 이어 올해도 자칫 2% 성장에 그칠 것이라는 우려가 높다. 잠재성장률을 계속 밑도는 수준이다. 우리나라의 잠재성장률은 3% 중후반이라는 게 다수의 공감대다. **2011년부터 2020년까지의 연평균 잠재성장률에 대해 국내연구기관들은 3.4~3.8를 제시하고 있다. 우리나라 잠재성장률은 고도성장기였던 1970년대 10% 정도에서 1980년대 8~9%로 하락했다. 1990년대 들어 6~7%로 다시 떨어졌다가 1997년 환란을 계기로 4%대 후반으로 급락했다. 2008년 금융 위기를 거치며 3% 후반대로 더 쪼그라들었다. 잠재성장률 하락은 앞으로도 지속될 전망이다.** 국내연구기관들은 2021년부터 2030년까지 2.8~2.9%대, 2031년부터 2040년까지 1.9~2.5%로 떨어질 것이라고 본다. 해외 시각은 더 비관적이다. 경제협력개발기구(OECD)는 우리나라의 잠재성장률이

2011년부터 2030년까지 2.7%를 기록한 뒤 2030년 이후 30년간 1.0%로 처질 것이라고 예측했다. 1.0%의 잠재성장률은 국가 부도 상태인 그리스(1.1%)보다 낮은 수준이다. 미국(2.1%), 영국(2.2%)과 비교해도 절반 수준이다.

더 큰 문제는 잠재성장률 하락 속도가 너무 빠르다는 점이다. 2031년 우리나라 잠재성장률은 2001년 대비 3.4% 포인트나 떨어질 것으로 예측한다. 이는 룩셈부르크와 더불어 34개 OECD 회원국 중 가장 가파르다. 우리와 경제 규모가 비슷한 스페인(-2.0% 포인트), 호주(-1.0% 포인트) 등보다도 감소폭이 크다. 멕시코(0.6% 포인트), 일본(0.7% 포인트) 등은 되레 잠재성장률이 오를 것으로 전망한다. **기관차(국가)의 속도(잠재성장률)를 높이려면 더 많은 땔감(노동, 자본 등 생산요소 그것도 고도양질의 생산요소)을 넣는 동시에 엔진(생산성) 효율을 높여야 한다. 생산성을 단기간에 높이는 것이 쉽지 않는 점을 감안하면 생산요소의 물량 투입이 거의 유일한 방법이다.** 하지만 최근 우리 경제는 생산요소 투입 감소 방향으로 흘러가면서 잠재성장률 하락이라는 '비극'에 직면했다. **투자 부문은 외환위기 이후 급격한 침체 국면에 진입했다. 실질 고정투자 증가율은 1970년대 연평균 17.8%에서 2008년 글로벌 금융 위기 이후 1.3%에 머물고 있는 실정이다. 지난해 8월 이후부터는 설비투자가 아예 감소세로 돌아섰다. 국내 자본의 해외 투자 비율 역시 1980년대 1% 미만에서 2010년에는 8% 안팎까지 뛰어올랐다. 인구 고령화에 따른 노동력 약화도 심각하다.** 통계청에 따르면 지난해 3656만 명인 국내 생산 가능 인구(15~

64세)는 2017년부터 감소세로 전환돼 2060년에는 2187만 명으로 뚝 떨어질 것으로 전망된다. 교역 조건 악화에 따라 수출로 인한 실질 이익도 감소하고 있다. 여기에 우리의 성장 동력인 정보기술(IT) 산업의 수출 비중이 2000년 이후 점차 낮아지고 있어 신성장산업 모색이 절실한 상황이다. 잠재성장률 하락 속도를 늦추려면 지금까지 주춤했던 자본 축적 확대를 적극 추진해야 한다. 기업들이 투자 활성화에 나설 수 있도록 정부가 실효성 있는 투자 인센티브 패키지를 제공해야 한다. 정부와 기업이 함께 투자 환경을 조성하고 중장기 투자 계획을 짜는 것도 대안이 될 수 있다. 경제발전이 전국적으로 내실 있는 균형발전 궤도를 걸어가야 한다. 고용과 생산성을 높이기 위한 고부가가치 지식서비스 업종의 육성도 과제로 꼽힌다. 제조업으로 고용과 성장률을 늘리기에는 우리 경제가 한계에 봉착했기 때문이다. **1인당 국민소득이 5만 달러에 육박하는 싱가포르의 전례처럼 투자 대비 실적이 높으면서도 고용 효과가 큰 금융과 교육, 의료, 관광 등의 서비스 업종 발전을 통해 잠재성장률을 끌어올릴 수 있다. 남북통일도 잠재성장률 확충에 도움이 될 수 있다.** 우리나라 잠재성장률 하락의 가장 큰 요인인 고령화 문제를 해결해 줄 수 있기 때문이다. 재정부에 따르면 2050년 기준으로 통일이 될 경우 생산가능인구 비중은 67.9%에서 70.2%로 증가한다. 반면 노인인구 비중은 22.1%에서 17.2%로 크게 감소한다. 대북 설비투자 증가와 분단 비용 감소 등도 이점이 된다. 2030년대에 통일이 된다고 가정하면 통일 비용에 따른 재정 부담에도 불구하고 잠재성장률이 0.86~1.34% 포인트 정도 상승할 것으로 본다[서울신문, 2013.1.2./기획재정부와 국내 연구기관].

4. 2013년 세계 정치 경제 전망

내년에 유로존의 붕괴 가능성은 낮고 새 지도부 등장으로 우경화(右傾化)된 일본은 군국주의를 추구하는 행보를 보일 것으로 전망한다. 일본은 군대를 보유하지 못하도록 규정한 헌법(평화헌법)을 개정해 황군(천황의 군대)을 만들려고 한다. 유로 존(유로(EURO) 사용 지역)의 붕괴 가능성은 낮지만 경제전망은 어둡다. 미국은 통화완화정책을 계속해 경기부양을 노릴 것이지만 5단계 통화완화정책을 펴지는 않을 것이다. 최근 일본 총선에서 당선된 의원 중 89%가 평화헌법 개정에 찬성해 2009년보다 40% 늘었기 때문에 아베 신조(安倍晋三) 신임 총리는 헌법 개정안을 발의할 가능성이 크다. 일본헌법 96조는 개헌하기 위해선 중의원과 참의원의 3분의 2이상이 찬성하고 국민투표에 붙여 50% 이상의 찬성을 얻어야 한다고 규정하고 있다. 일본 자민당과 일본 유신회 등을 합하면 중의원 의석수가 3분의 2 이상이며 내년 7월의 참의원 선거에서 3분의 2 이상의 의석을 확보하면 헌법 개정안을 제출할 것이다. 2차 대전 당시처럼 곧바로 군국주의로 내닫지는 못하겠지만 헌법이 개정되면 평화 발전의 길을 벗어날 위험성이 크다.

세계 경제에 먹구름을 드리우고 있는 유로존의 재정위기는 내년 해소될 수 있다. 독일과 프랑스를 중심으로 한 유럽연합(EU) 회원국들은 채무위기에 대한 해결책을 찾아 경제성장을 이끌 여러 타협안을 내놓을 것이다. **유로 존 국가들의 재정 주권은 앞으로 계속 제약받게 되고 유럽연합의 경제통합은 재정연합 형식이나 유로지역 경제정부를 구성하는 방식으로 나갈 것이다.** 유럽 채무위기는 더 이상 통제하지 못할 상황으로 치닫지는 않겠지만 만약 유로 존 체계 결함을 해결하지 못한다면 장기적으로는 유로 존이 붕괴되거나 해체 수순을 밟을 수 있다. 미국은 2012년 말에 QE4(4차 금융완화정책)을 폈지만 내년에 QE5를 시행하지는 않을 것으로 본다. 올해 연말 사실상 QE4를 내놓아 경제 회복세를 공고화하고 재정절벽 문제에 대한 심도 있는 대안을 마련하기 위한 시간을 벌었다. 미국은 내년에도 이미 결정된 정책에 따라 통화팽창 기조를 지속하고 저금리 정책도 유지되겠지만 경제의 급격한 하락이나 다른 특수 상황이 벌어지지 않는 한 추가적 통화팽창 정책을 내놓을 가능성은 적다. 이밖에 △시리아 파샬 정권의 존속 여부 △러시아와 미국의 새로운 군사조약 체결 △인도의 태평양 진출 △미국의 이란 공격 △이스라엘과 팔레스타인의 평화 정착 △라틴 아메리카의 우경화 등이 2013년에 주목되는 이슈로 등장할 것이다[머니투데이, 2012.12.22./중국 인민일보 해외판/칭화(淸華)대학교 현대국제관계연구원/중국사회과학원 세계경제정치연구소/수도경제무역대학 중국경제연구원/중국국제문제연구소].

5. 미래 세계경제의 중기 전망과 상황

2012년 세계경제는 현격하게 약화됐으며 앞으로 2년 동안에도 글로벌 경제 위기 동안 사라진 일자리를 회복하기는 어려울 것으로 전망된다. 현존하는 각종 경제정책과 성장 추세를 감안할 때 **미국과 유럽이 2008~2009년 글로벌 경제위기 때 잃어버린 일자리를 회복하는 데에만도 앞으로 최소 5년은 걸릴 것으로 예측됐다.** 전 세계 경제성장률은 2012년도 평균 성장률이 2.2%에 불과해 지난 6월의 예측치 2.5%에서 좀 더 떨어졌다. **또 앞으로도 2013년 2.4%, 2014년 3.2%로 잠재성장률을 상당히 밑돌 것이며 지구촌 경제의 상황이 지속적으로 나쁜 것은 주요 선진국의 경제 약화 때문이다.** 유로존의 부채 위기의 악화, 미국의 '재정절벽', 중국 경제의 경착륙이 앞으로도 새로운 글로벌 경기 침체를 불러올 수 있다고 경고하고 있다. 이 세 가지 중 하나하나가 세계경제 생산을 1~3% 감소시킬 수 있다는 것이다. 또 미국 경제가 2012년 눈에 띄게 약화됐고 2013년과 2014년의 경제성장도 매우 부진할 것이다. 2012년에 이미 빈혈증을 보이고 있는 2.1% 성장에서 2013년에는 1.7%까지 떨어졌다가 2014년에는 2.7%로 올라갈 것이다. 유로 존 전체와 회원국 몇 개 국가는 이미 불황에 빠져 있지만 유로 존 전체의 실업률은 올해 사상 최고인 12%까지 증가할 것이며 프랑스의 경제는 이미 침체기에 있고 유럽 최대의 경제대국 독일의 성장도 저속화될 것이다. **유럽과 미국 일본 등의 디플레이션이 지속될 경우에는 스필오버 현상에 의해 개발도상국에 여파가 미쳐 그들의 수출이 둔화될 것이며 그에 따라 원자재 값 상승과 자본 흐름의 경색이 심화될 수 있다.** 중국, 인도, 브라질 등 최대 성장국가들도 투자 둔화와 재고량 상승, 구조적인 병목 현상 같은 국내 문제와 씨름하게 될 것이다. 오직 아프리카만이 분쟁 사태 등 수많은 문제가 산적해 있음에도 밝은 전망을 보이고 있다. 성장률 수치도 2012년의 5%에서 아주 약간만 떨어져 2013년에도 4.8%를 유지할 것으로 예상되고 있다[유엔본부=AP/뉴시스, 차의영 기자, 2012.12.19./유엔 보고서 팀장 롭 보스; 2013 세계경제 전망과 상황].

6. 세계경제 및 한국경제의 중장기 성장 전망(2011~2060년)

우리나라의 경제성장이 점진적으로 둔화, 2031년부터 2060년까지의 평균 성장률이 1%에 그칠 것으로 전망한다. **한국의 평균 국내총생산(GDP) 성장률이 구매력평가(PPP)를 기준으로 2030년까지는 2.7%를 유지하겠지만 2031년부터 30년간은 1.0%로 떨어질 것이다. 2031~2060년 성장률 전망치 1%는 42개 OECD 회원국 가운데 룩셈부르크(0.6%)를 제외하고 독일 · 폴란드와 함께 최하위에 속한다. 한국의 2011~2060년 평균 성장률은 1.6%를 기록, 42개 회원국 중 35위로 떨어진다.** 이러한 성장률 둔화의 주된 이유는 우리나라가 OECD 국가들 가운데 가장 빠른 속도로 고령화가 진행되면서 생산가능 인구가 감소할 요인에서 찾고 있다. OECD는 현재의 글로벌 경제위기가 극복되고 나면 세계경제는 향후 50년간 연평균 3% 정도 성장하겠지만, 경제성장률은 지역별 · 국가별로 큰 편차를 보일 것이며 신흥국의 성장도 결국에는 둔화돼 OECD 회원국 수준으로 수렴할 것으로 예상했다. **또 2025년에는 중국과 인도의 GDP 규모가 G7(주요 7개국)을 넘어설 것이며, 2060년에는 OECD 회원국 전체 규모를 초과할 것으로 전망했다.** 현재의 경기 사이클이 지나면 글로벌 경상수지 불균형이 다시 증가, 2030년에는 경제위기 이전의 최고점에 도달할 것으로 예상했다. 그러나 과감한 정책변화가 없을 경우 글로벌 불균형이 증가하면서 경제성장을 저해할 것이며 많은 OECD 국가들이 과도한 정부부채 때문에 금리와 성장률에 부정적인 영향을 미칠 것으로 진단한다[파리=연합뉴스 김홍태 특파원, 2012.11.12./경제협력개발기구(OECD); 2060년까지의 장기 세계 경제전망 보고서].

7. 세계 5위 경제 대국과 한국경제

세계 5위 경제 대국은 2011년 국내총생산(GDP) 기준으로 미국이 15조650억 달러, 중국이 6조9880억 달러. 일본이 5조8550억 달러, 독일 3조6290억 달러, 프랑스가 2조8080억 달러, 브라질은 2조5180억 달러로 6위권에 들었다. IMF는 2015년에 브라질 GDP가 3조1660억 달러에 이를 것이며 프랑스(3조1610억 달러)를 뛰어넘을 것으로 전망했다. 브라질은 영국을 앞지를 것이며 브라질이 올해 영국을 제칠 것으로 전망했다. 브라질이 오는 2015년 세계 5위 경제 대국에 오를 것으로 점친다. 세계 경제가 앞으로 수년간 현재의 성장세를 유지한다면 브라질 경제 규모가 2015년에 프랑스를 제치고 미국 중국 일본 독일에 이어 세계 5위를 차지할 것이다[한국경제신문, 2011.12.28/브라질 일간 에스타도데상파울루/국제통화기금 자료/영국의 싱크탱크인 경제경영연구센터(CEBR) 전망].

2011년 한국의 1인당 국민총소득(GNI)은 2만2489달러로 인구 1000만 명이상 국가 중 13위권에 들었다. 또 실질 국내총생산(GDP)은 전년 대비 3.6% 성장했다. 우리나라 1인당 GNI는 2만2489달러로 전년 2만562달러에 비해 약 9.3% 증가했다. 1인당 국민총소득은 글로벌 금융위기 때문에 2008~2009년 연속 1만 달러대로 주저앉았지만 2010년부터 차츰 상승하는 추세다. 실질 GDP는 전년보다 5.4% 증가한 1237조원이고, 미국 달러화로는 전년 대비 10% 증가한 1조1164억 달러다. 이처럼 GDP와 1인당 GNI가 상승한 데에는 달러화 대비 원화값이 연평균 4.2% 상승한 요인이 크게 작용했다[한국은행, 2011년 국민계정(잠정)/매일경제, 2012.3.30.].

높은 경제성장의 지속적인 유지는 국가경쟁력과 기업의 국제경쟁력이 뒷받침되어야 한다. 그러나 아시아 국가들 중 한국의 국가경쟁력 5위에 불과해 아시아 경쟁국들과 치열한 성장경쟁을 극복해 내야 하는 과제를 안고 있다. 2011년의 경우, 아시아 국가들 가운데 한국의 국가경쟁력이 지난해 1위에서 5위로 밀려났다. 싱가포르가 1위, 대만, 홍콩, 일본이 2~4위로 뒤를 이었다. **지난해 아시아 국가들 가운데 종합경쟁력 1위였던 한국은 이번에 5위로 밀려났다. 한국에 이어 대만이 2위였고 일본과 싱가포르, 홍콩이 3~5위였다.** 경제력 면에서 아시아 국가들 중 최고인 중국은 종합경쟁력에서는 10위에 머물렀다. 지난해 11위에서 한 계단 상승한 것이다. 중국은 거대한 시장을 바탕으로 경제력 면에서 뚜렷한 경쟁력을 나타냈고 사회발전과 기반시설 구축 면에서 비교적 좋은 성과가 있었지만 비즈니스 지원을 위한 행정효율과 심사 및 허가절차 면에서 여전히 낙후돼 있는 것으로 나타났다. 올해 평가에서도 싱가포르와 대만, 홍콩, 한국 등 전통적 의미의 아시아 4소룡이 모두 종합경쟁력 5위 이내에 포함됐다 [노컷뉴스, 2012.3.22./아시아판 다보스포럼'인 보다오 포럼 아시아경쟁력 2012 보고 발표; 경쟁력평가].

세계은행은 유로 존 경제위기 충격을 반영해 2013년 글로벌 경제성장 전망을 지난 1월의 3.1%에서 3.0%로 하향 조정했다. 하향 조정 배경은 지난 5월부터 유로 존 위기가 재점화돼 올해 들어 4월까지 미국과 유럽 경기회복세를 깎아먹고 시장 불안도 커지고 있기 때문이다. 올해 글로벌 경제성장률 전망은 2.5%로 지난 1월 전망한 수치를 그대로 유지했다. 유로존 경제는 2012년 -0.3%, 2013년 0.7%, 2014년 1.4% 성장할 것으로 전망했다. 중국, 인도, 브라질 등 개발도상국의 올해 성장률은 5.3%로 지난해 6.1%, 2010년 7.4%에 비해 둔화될 것으로 전망했다. 올해 중국의 성장률 전망을 기존 8.4%에서 8.2%로 낮췄다. 중국의 주요 수출 시장인 유럽이 위기를 겪음에 따라 수출이 점점 둔화되고 있다는 이유에서다.

전 세계는 지금 매우 어려운 고비에 서 있다. 개발도상국은 지난 4~5년간 계속된 글로벌 금융위기와 싸움에서 한발 물러나 인프라 투자와 경제구조 개혁 등 중장기적 정책에 초점을 맞출 필요가 있다. 세계은행은 리먼브러더스 사태에 버금가는 위기가 올 것으로 전망된다면서 올해 글로벌 경제 성장 전망치를 2.5%로 대폭 하향조정한 바 있다

[매일경제, 황시영 기자, 2012.6.13./세계은행; 글로벌 경제전망(GEP)]. **2010년 이후 세계 경제 성장률 전망을 보면 2010년 4.1%, 2011년 2.7%, 2012년 2.5%, 2013년 3.0%, 2014년 3.3%를 보고 유로 존 경제 성장은 2010년 1.8%, 2011년 1.6%, 2012년 0.3%, 2013년 0.7%, 2014년 1.4%을 전망한다.**

세계 금융 및 실물 경제가 흔들리면 한국 경제는 더 크게 흔들린다. 세계 경제가 흔들리면 한국 경제가 직격탄을 맞는다. 내수와 수출이 위축된다. 우리 경제 성장 전망치를 낮아진 가장 큰 요인은 글로벌 경기가 나빠지면서 우리나라의 수출과 내수 성장세가 당초 기대에 미치지 못할 것이기 때문이다. 대외 여건 악화로 우리 경제의 견인차인 수출은 석 달 연속 감소세를 보였다. 글로벌 금융위기 당시인 2009년 10월 이후 2년여 만에 처음이다. **수출 감소는 우리나라의 3대 수출 시장인 미국, 유럽연합(EU), 중국에서 동시에 일어나고 있다.** 환율이 상승하면서 수입 물가를 끌어올려 실질 구매력이 줄어들어 내수는 더 나빠질 것으로 보인다. 국내 수출 회복을 위해서는 중국이 8%의 경제성장률을 지키려고 내놓는 각종 소비 부양책이 효과를 거둬야 하지만 지금 경제 상황으로는 성장률 3.4% 달성도 회의적으로 본다. **특히, 대외 의존도가 높은 한국은 정규직 고용 확대 등을 통한 가계소비의 역할 확대도 단숨에 기대하기 어려운 실정이다.**

금융시장은 더 불안해질 것으로 예측된다. 한국을 포함한 신흥국에서 유럽계를 중심으로 한 외국인 자금의 추가 이탈 가능성이 여전하다. 이미 외국인은 지난달에 4조원을 빼 갔다. 지난달 주식시장에서 외국계의 순매수액은 3조 9000억 원이 줄었는데, 줄어든 자금 가운데 3조 1000억 원이 유럽계였다. 세계 경제의 불확실성이 지속되면서 국제 원자재 가격도 일제히 하락했다. 두바이유 가격은 지난해 9월 이후 8개월 만에 100달러 이하로 떨어졌다. 주요 농산물도 옥수수 가격이 전달보다 15.9%나 하락한 가운데 대두(-10.8%), 면화(-18.0%), 원당(-8.3%) 등도 약세를 지속했다. 유럽 재정위기와 중국의 경기둔화 우려 등으로 농산물과 기초금속 가격은 조정 장세를 이어갈 것으로 본다[서울신문, 2012.6.4./한국은행/한국개발연구원(KDI)].

8. 21세기 선진국에 비친 한국과 한국인 그리고 경제발전

한국은 유럽인이나 미국인들에게 민주주의와 경제에서 이룬 놀라운 성과를 이룬 나라, 삼성과 현대 등 성공한 글로벌 브랜드에 어느 정도 알려져 있지만 이 보다는 북한과 대치하고 있는 나라로 더 잘 알려져 있다. 이 같은 외국인들의 인상은 강대국인 중국과 일본에 인접해 있기 때문에 한국의 놀라운 발전상이 간과되고 있다. 한국은 '한강의 기적'으로 일컬어지는 경제발전을 통해 잘살게 됐지만 절대다수의 한국 국민들에게 행복을 가져다주지는 못했다. 그 좋은 증거가 자살률이 지난 10년간 두 배로 늘고 현재 세계에서 리투아니아 다음으로 높다는 사실이다. **한국인의 자살률이 높은 것은 치열한 경쟁과 잘해야 한다는 갈망, 이로 인해 자신의 운명에 만족하지 못하는 점 등에 기인하며 이는 한국이 성공한 특징과도 유사하다.** 한국은 이륙하는 비행기와 같아서 순항 고도에 올라야만 비로소 국민이 긴장을 풀고 안심할 수 있을지 모른다고 파이낸셜 타임즈 특파원은 말하고 있다[SBS 박진호기자, 2012.11.25./파이낸셜 타임스; 한국 성공 스토리의 양면/이코노미스트의 다니엘 튜더 서울 특파원; 한국, 불가능한 나라].

한국의 부패인식지수(CPI) 순위는 2년 내리 하락했다. 한국은 지난해 43위에서 올해 45위로 순위가 두 계단 떨어졌다. 경제협력개발기구(OECD) 34개 회원국 중 순위는 27위로 지난해와 같았다. 한국은 2009년과 2010년 39위를 기록하다 지난해 43위로 순위가 급락했다. 이어 올해도 순위가 내려가면서 최근 4년간 한 번도 순위 상승이 없었다. 한국 CPI의 연이은 하락과 정체는 최근 몇 년간 나타난 한국사회의 권력부패 현상과 무관하지 않다[연합뉴스 임기창 기자, 2012.12.5.].

세계 각국의 장기 개발의제는 그 동안 세계 빈곤의 인간개발에 초점을 맞춘 기존 방식이었다. 이 개발방식은 기초 수준 이상의 개발을 실현하는데 한계에 도달했다. **장기개발이 처음 논의된 1990년대와 달리 이제는 신흥국의 부상과 삶의 질에 대한 관심 증대, 절대빈곤의 축소와 상대빈곤(불평등)의 확대, 상호의존과 환경문제의 심화 등에 따라 지속 가능한 발전을 위한 개발 패러다임이 요구된다.** 또 범세계적 세부목표를 제시하고 추진 성과를 지표로 측정하는 접근법만으로는 각국이 처한 환경을 제대로 반영할 수 없고, 개발계획의 이행을 보장할 수 없기 때문이다. 2015년 이후의 개발의제는 저소득국뿐만 아니라 중소득국과 고소득국에도 의미가 있도록 지속적이고 안정적인 경제성장의 기반을 확충하면서 사회통합을 유지하고 환경을 보전하는 방향으로 나가는 것이다. 구체적으로 극심한 빈곤과 기아 퇴치, 초등교육, 보건·위생 등 기초적 인간개발에만 치중해 상대적으로 부족했던 자생적 발전에 필요한 여건 조성에 초점을 맞추어야 한다. 이를 위해 경제성장과 인간개발간의 선순환에 초점을 맞춘 포용적 성장을 추구하면서 평화와 안보, 인권과 선치(good governance), 기회의 평등, 지속 가능성 등을 중시해야 한다. 특히 개도국의 주인의식을 높이고 개발 효과도 높이는 데에 이 같은 접근법이 바람직하다[파이낸셜뉴스, 2012.12.11.].

한국 경제는 글로벌 금융위기 때보다 더욱 심각한 장기 저성장 국면으로 빠져들고 있다. 잠재성장률마저 빠르게 하락할 것으로 예상되면서 경제 활력이 빠르게 추락하고 있다. 지금 장단기 회복정책을 마련해야 하지만 방치되고 있다. 올해 우리나라 경제성장률 전망치가 2%대 초·중반으로 추락하고 내년도 성장률마저 3%대 초반으로 급락할 것으로 예상한다. 우리나라의 잠재성장률(물가불안 없이 달성 가능한 최대의 성장률)이 3%대 후반임을 감안하면 2012년뿐만 아니라 2013년까지 잠재성장률에도 못 미치는 저성장이 지속된다. 문제는 우리나라의 잠재성장률이 빠르게 하락하고 있어 새로운 성장 동력을 찾지 못할 경우 저성장으로 굳어질 것이다. 경제협력개발기구(OECD)는 **글로벌 금융위기 이전인 2001~2007년 4.39%였던 한국의 잠재성장률은 2018~2030년에는 2.40%로 떨어지고, 2031~2050년에는 1.05%까지 추락할 것으로 예측하고 있다. 이는 경기를 과열시키지 않는 한 1~2%대의 저성장을 벗어날 수 없다는 의미다.**

9. 한국의 경제성장은 누구를 위해 달려가야 하고 경제규모는 누구를 위해 커져야 하는가?

우리나라는 경제 분야에서 '글로벌 리더'로서 입지를 굳혔지만 사회 · 복지 · 여성 · 환경 분야는 선진국과 큰 격차를 보이고 있다. **우리나라는 2011년 구매력환산지수(PPP) 기준으로 국내총생산(GDP)이 1조5천561억 달러로 세계 12위에 올랐다. 1인당 GDP(PPP)는 3만1천753달러로 27위였다. 거시적 물량변수들을 보면 세계 속 한국의 위상이 구체적으로 돋보이는 것을 볼 수 있다.** 국가 전체 수출이 세계 7위를 기록한 가운데 선박수주량 1위, 반도체 매출액 · 휴대전화 출하량 2위, 자동차 생산 5위 등으로 최 상위권을 유지하고 있다. 거시적 물량변수를 뒤 받쳐주는 경제의 소프트파워 지표인 GDP 대비 연구개발투자(3위), 내국인 특허 등록건수(4위), 국가이미지(10위) 등도 세계적 수준에 도달했다. 이외에 전자정부지수 · 노동생산성증가율(1위), 공항화물처리(4위. 인천 기준), 컨테이너 처리 실적 · 국제회의 개최건수(5위) 등 경제 활력도를 나타내는 수도 다른 나라를 압도했다. 하지만 사회, 복지, 여성, 환경 등의 분야는 선진국 수준과 비교할 수 없을 만큼 한참 거리가 멀다. **삶의 질이 세계 30위권으로 처진 가운데 1인당 연간 노동시간이 2천90시간으로 세계 2위를 기록했다.** 여성경제활동 참가율(49.7%. 34위), 여성 국회의원 비율(15.7%. 86위) 등 여성 분야도 세계적 수준에 미치지 못했다. 여성 1인당 출산율(1.29명. 세계 147위), 인구증가율(0.7%. 142위)도 하위권에 머물러 미래 한국 경제의 전망을 어둡게 했다. **한국 도시 및 농촌 마을의 내외 환경은 동유럽 국가들의 환경과 비교할 수 없을 만큼 험상스럽다. 농촌 생활환경은 더욱 더 심각한 저개발국가 수준이다.** 도심지나 농촌에는 시멘트 아파트 단지가 흉물스럽게 들어서 있다. 한국인들의 자살률은 매우 높은 것으로 잘 알려져 있다. 경제성장은 누구를 위해 달려가야 하고 경제규모는 누구를 위해 커져야 하는가? 우리 경제는 65년 이상 보수주의자들이 이끌고 왔고 한국의 경제개발 역사의 주역을 담당했다[서울=연합뉴스 전성훈 기자, 2012.12.11./한국무역협회].

한국 경제는 2030년까지 급속한 고령화로 일본식 장기 침체에 빠지지 않고 2030년까지 연평균 3%대 성장할 수 있을 것으로 전망한다. 이 같은 성장은 크게 두 가지 근거에 기초한다. 우선 일본과 달리 한·미 자유무역협정(FTA) 등을 적극적으로 추진해 수출 중심의 경제성장률을 이어갈 수 있다는 근거이다. 한국은 주도적으로 기술혁신을 이루어 나가는 제조업 중심의 산업구조를 갖고 있어 글로벌 수출 시장에서 계속 선전할 수 있어 수출이 성장을 이끌고 간다는 것이다. 현재 국내총생산(GDP)의 47%를 차지하는 수출비중이 2030년까지 80% 수준으로 늘어나고 그중 중국 수출 비중이 35%에 이를 것으로 본다. 두 번째 근거는 고령화가 급속히 진행되고 있지만 여성과 고령인구의 노동 참가율이 늘어나 한국의 생산 잠재력이 유지될 수 있다는 점이다. 2020년대에는 고령화로 인해 한국의 성장률이 2%대로 떨어질 것이라는 전망은 생산 가능 인구 중심의 정태적인 접근이다. 한국의 노동시장 변화나 중국 등 해외 변수를 고려하면 상황이 다르다. 다시 말해서 **베이비부머가 고령화되면서 한국의 생산가능 인구가 2016년을 정점으로 감소하지만 이와 함께 늘어나는 여성 고용 인구와 고령자의 노동 참가 등 노동시장의 변화가 이를 상쇄할 수 있다. 또한 한국 사회의 고령화나 복지 수요 증대 등은 현재 한국의 국민소득이나 정부부채 수준으로 볼 때 관리될 수 있을 수준이다.** 하지만 수출 증대를 통한 지속적 성장과 점진적인 조세기반 확충, 완만한 증세 등이 동반되어야 가능하다. **수출기반 약화와 저성장 지속되면서 동반하는 복지 확대는 정책목표를 달성하기 어렵게 할 뿐만 아니라 한국이 아직 국부축적 수준이 낮고 국제수지 구조가 취약한 점 등을 감안할 때 경제위기가 언제든지 일어날 수 있다.** 한편 주식시장을 포함한 한국 자본시장은 베이비부머의 은퇴 등으로 인해 2030년까지 확대될 것이다. 은퇴자의 예금과 퇴직연금이 자본시장을 떠받치기 때문이다. 이를 근거로 코스피는 2015년 3000선, 2023년 5000선에 도달할 할 수 있다[매일경제, 2012.4.8./골드만삭스; 세계경제보고서(Global Economics Paper)]. 그러나 연 평균 3% 장기 성장을 유지한다면 고용사정 특히 일자리 창출은 지금 상황보다 좋아 지지 않을 것이다.

10. 한국의 총저축률 30년 만에 최저치

우리나라의 국민소득은 제자리걸음을 걷는 가운데 유럽 재정위기 이후 경기침체라는 악재까지 겹치며 총저축률이 30년 만에 최저치로 떨어졌다. 우리나라 총저축률(원계열 기준)은 3분기 기준으로 30.4%로 1982년 3분기의 27.9% 이래 가장 낮았다. 글로벌 금융위기가 불거졌던 2008년과 같은 수치지만 소수점 둘째 자리까지 늘려보면 올해가 30.41%, 금융위기 당시가 30.42%로 더 악화했다. 총저축률은 총저축(개인·기업·정부 저축의 합)을 국민 총처분가능소득으로 나눈 값이다. 총저축률이 낮아지면 국내에서 투자자금을 충분히 조달하기 어려워지고 경기변동에 대응하기 어려워진다. 우리나라의 3분기 총저축률은 '3저 호황'과 올림픽 특수를 누렸던 1988년 41.5%로 통계작성 이래 최고치를 달성했다. 그러나 이듬해인 1989년 38.1%로 내려앉은 뒤 외환위기 직전인 1996년 36.5%까지 떨어졌다. 카드대란 발생 직전인 2002년에는 30.5%까지 하락했다. 글로벌 금융위기가 불거졌던 2008년 30.4% 이후 소폭 오르내림을 반복하다 지금은 30.4%

로 20%대 추락이 코앞에 다가왔다.

총저축률이 계속 하락하는 추세를 유지한 가운데 유로존 위기 이후 경기침체라는 충격까지 가해지면서 리먼 브라더스 사태 때보다 낮은 최악의 수치가 나타난 것이다. 계절조정 기준으로 봐도 총저축률은 올해 3분기 30.1%로 30%선에 간신히 턱걸이했다. 금융위기 직후인 2009년 2분기(29.7%) 이후 가장 낮다. 이러한 하락세는 개인저축률이 빠르게 감소한 점이 주된 이유다. 총저축률이 최고치였던 1988년 개인저축률은 18.7%로, 총저축률에서 개인저축률이 차지하는 비중(46.2%)은 절반에 육박했다. 그러나 1991년(18.5%)부터 내리막을 거듭해 2011년에는 4.3%까지 떨어졌다. 개인저축률이 작년 총저축률에서 차지하는 비중은 13.5%에 불과했다. **총저축률 감소는 저축 여력이 부족한 탓이며 저축률이 떨어지면 자본투입이 감소해 미래 성장률 잠식으로 이어진다.** 연평균 가계소득증가율은 1980년대 17.0%, 1990년대 11.9%, 2000년대 5.9% 등으로 둔화했다. 물가상승률을 고려하면 실제 소득증가 정도는 이보다 낮다. 3분기 국민처분가능소득(원계열)은 전년 동기 대비 2.5% 늘어나는 데 그쳤다. 2009년 2분기(1.7%) 이후 가장 낮은 증가율이다. 계절조정 기준으로는 전기에 비해 -0.3% 감소했다. 2008년 4분기(-1.5%) 이후 '마이너스'로 돌아선 것은 이번이 처음이다. **총저축률 감소는 저축동기를 약화시킨 환경 요인도 있다. 금리가 계속 하락하는 환경이 한 몫 한 것이다.** 저금리 기조가 지속하고 신용 카드 사용이 늘어난 점도 저축 동기를 약화시켰다. 국민총처분가능소득에서 기업의 몫은 점점 커지는 반면 가계의 몫은 심각한 수준으로 줄어들면서 개인저축률이 감소했다[서울=연합뉴스 방현덕 박수윤 기자, 2012.12.12.한국은행/통계청].

1990년대 후반까지도 20%를 웃돌던 우리나라의 가계저축률은 2011년 현재 2.7%까지 추락했다. 뉴질랜드(2.3%), 일본(2.9%) 등과 함께 세계 최하위권이다. **가계저축이 감소하면 기업의 투자 재원 조달이 어려워진다. 이는 단기적으로는 경제성장과 가계소득 증가세 둔화, 장기적으로는 성장잠재력과 경상수지 악화로 이어진다. 가계저축률이 급락한 원인은 가계 가처분소득의 증가세가 둔화한 점이다. 기업이 벌어들이는 소득이 고용창출, 임금상승을 통해 가계로 적절히 배분이 되지 않고 있다. 저축성향이 낮은 고령층 인구가 증가한데다 사회보장제도의 확대와 부동산 가격 상승으로 저축유인이 낮아진 점, 최근의 저금리 기조 등 역시 저축률을 낮춘 요인들이다. 가계저축이 넉넉지 않으면 앞으로 소비재원이 부족해지며 가계재무가 취약해질 수 있다. 취약해진 가계재무를 지원하기 위해 정부가 사회보장을 확대하면 재정건전성도 동시에 나빠질 수 있다.** 특히 고령화가 빠르게 진행되고 있는 만큼 가계저축률을 높여야 한다. 낮은 가계저축률이 앞으로 경제의 발목을 잡을 수 있기 때문에 가계저축률 증대 방안을 시급히 마련해야 한다. ▲내수·시비스업 활성화를 통한 가계소득여건 개선 ▲저소득층·자영업자 등 취약계층용 저축상품 ▲노후보장·교육관련 저축상품 세제지원 강화 등이 필요하다[서울=연합뉴스, 방현덕 기자, 2012.12.30./한국금융연구원 임진 연구위원; 가계저축률 하락 추이와 정책 과제]. 개인저축률을 올리는 길은 성장으로 파이 자체를 키우되 기업과 가계간 분배 격차를 꾸준히 줄여 나가는 것이다. 가계저축률 올리려면 빚을 지지 않도록 하는 환경을 조성하고 빚을 권하는 제도를 원천적으로 봉쇄하는 것도 중요하다. 가령 사회초년생에게 생애최초 주택마련을 위해 돈을 빌려주는 것은 빚을 지고 사회생활을 시작하라는 것이므로 빚을 지게 하는 인센티브를 없애고 저축에 인센티브를 줘야 한다[서울=연합뉴스 방현덕 박수윤 기자, 2012.12.12.한국은행/통계청].

11. 경제 민주화

국민경제는 시장이 활기 있게 움직이고 구매력이 받쳐주는 가운데 기업이 쉬지 않고 생산하고 공급 판매할 수 있을 때 지속적 안정적 성장이 가능하다. 이것은 국민경제가 됐건 지방경제가 됐건 금과옥조의 시장논리이며 생리이다. 특히 지속적인 고도성장은 튼튼한 수요기반이 받쳐주고 있어야 한다. 강력한 수요창출은 내수의 샘물에서 솟아 나와야 한다. 지나친 해외수요 의존은 특히 소국 국민경제를 늘 불안에 떨게 할 수 있다. 자나 깨나 국내 소비수요와 투자수요가 살아나야 하고 수출수요가 받쳐주면 금상첨화의 경제성장 궤도이다. 한국경제는 시장의 활기가 죽어 있고 저성장의 늪에 빠져 있다. 이런 상황 속에서 요즘 우리나라에서 많이 거론되고 있는 주제가 경제민주화이다.

경제민주화에 대해 우려하는 시각은 크게 볼 때 두 가지 정도로 요약된다. 첫째는 경제력이 집중된다는 이유로 경제활동에 규제를 가하는 것이 자유로운 경제활동을 보장해야 하는 자본주의 원칙에 위배되는 것이 아니냐는 의문이다. 둘째는 분배를 강조하다가 자칫 경제가 저성장의 늪에 빠져들 수 있다는 점이다. 세계 경제가 회복 조짐을 보이지 않으면서 수출 환경이 계속 악화되는 이때에 우리나라의 모든 역량을 수출 확대에 집중하지 않으면 무엇으로 먹고살 것인가에 대한 우려일 것이다. 첫 번째 의문을 해소하기 위해서는 우리 헌법을 한번 살펴보는 것이 좋을 듯하다. **우리 헌법 119조를 보면 제1항에서 '대한민국의 경제 질서는 개인과 기업의 경제상의 자유와 창의를 존중함을 기본으로 한다'고 함으로써 경제적 자유를 천명하고 있다.** 굳이 명시적으로 말하자면 한국은 자본주의 시장경제체제를 법질서이자 제도로서 보장하고 있다. 그리고 **제2항을 보면 '국가는 균형있는 국민경제의 성장 및 안정과 적정한 소득의 분배를 유지하고, 시장의 지배와 경제력의 남용을 방지하며, 경제주체간의 조화를 통한 경제의 민주화를 위하여 경제에 관한 규제와 조정을 할 수 있다'라고 규정하고 있다.** 경제적 자유만 추구해 빈부 격차가 지나치게 확대되거나 시장 지배적 기업의 횡포가 발생하면 국가가 나서 이를 막아야 할 의무가 있다는 것을 분명히 명시하고 있음을 알 수 있다. 즉, 우리 헌법은 자유로운 경제활동을 기본 원칙으로 하되 그에 따른 부작용도 치유해야 함을 동시에 제시하고 있다. 다시 말해서 한국의 자본주의 시장경제질서가 왜곡되면 국가는 이를 교정해야 할 의무가 있다고 본다.

두 번째 의문, 분배를 강조하다 성장을 훼손할 것이라고 우려하는 사람도 많다. 그런데 1930년대 미국에서 벌어진 일들을 보면 분배 개선이 꼭 성장을 훼손하는 것이 아니라는 점을 알 수 있다. **또한 경제침체 시 극도로 구매력이 죽어 있는 경우, 제일 먼저 부자계층이 부유세 등 세금을 더 네 도록 독려하는 조치를 취해 국가가 수요창출에 나서도록 한다는 것이다.** 다시 대 공황에 신음하였던 1930년대 미국경제 상황으로 돌아가 보자. 당시 미국의 실물경제는 그야말로 극도로 망가진 상태였다. 대량실업이 넘쳐났다. 소득 불평등은 최악이었다. 사회보장 네트워크도 전혀 갖추어져 있지 않았다. **미국은 자유를 찾아 신대륙으로 이주한 사람들이 만든 나라라는 역사적 전통 때문에 개인의 자유를 제한하는 제도를 극도로 싫어하는 개인주의가 지배한 사회였다.** 이에 따라 1930년대까지 소득세 납부 기준으로 상위 5%의 사람들이 차지하는 소득이 전체 소득에서 무려 35%에 이르렀으며, 상위 1%가 차지하는 소득은 20% 정도였다.

이런 사정에 변화가 생기게 된 것은 대공황과 전쟁의 여파다. 1929년 말부터 시작된 대공황은 미국인의 절반을 빈곤층으로 전락시켰다. 게다가 대공황으로 세금 징수가 줄어들면서 미국 정부도 엄청난 재정적자에 시달리게 됐다. 재정적자를 벗어나기 위해 당시 후버 대통령은 미국의 소득세를 크게 인상하는 조세법을 통과시켰다. 이에 따라 최저 1.5%, 최고 25%였던 개인소득세율을 최저 4%, 최고 63%로 인상했다. 뒤를 이어 등장한 **루스벨트 정부는 1935년 사회보장법을 제정해 처음으로 실업수당, 노령자 연금, 유족 연금, 장애인 연금 등**

을 지급할 수 있는 길을 터줬다. 그리고 곧이어 2차대전이 발발하자 미국 정부는 소득세율을 더욱 올려 1944년에는 20만달러를 초과하는 소득에 대해서는 무려 94%의 세금을 부과했다. 오늘날의 화폐가치로 환산하면 255만달러(우리 돈으로 약 28억원)에 해당된다. 물론 이런 세율을 적용받았던 사람은 극소수였겠지만, 소득세율이 엄청나게 높았음을 알 수 있다.

소득분배 개선 효과는 1941년부터 나타났으며 1944년까지 빠르게 진행됐다. 이 기간에 상위 5%의 납세자가 차지한 소득은 전체의 22% 이하로 떨어졌다. 그렇다면 이렇게 소득 분배가 개선된 것은 경제성장에 어떤 영향을 미쳤을까? 사실 1940년대 미국 경제에서 이 효과를 제대로 분석해 내는 것은 몹시 어렵다. 전시 상황에서 정상적인 경제활동이 불가능했기 때문이다. 경제성장률보다는 민간의 소비를 보는 것이 왜곡이 덜할 것으로 보이는데, **불평등이 줄어들던 1941년부터 1953년 사이의 기간에 민간소비 증가율은 연평균 4.0%로, 직전에 소득 불평등이 심각했던 시기에 기록했던 1.5%보다 훨씬 높아졌다.** 1981년 레이건 대통령이 등장해 미국이 세금 인하를 추진한 이후 다시 분배가 악화됐고, 소비 증가율은 연평균 3.1%로 낮아졌다는 점이 그냥 우연만은 아닐 것이다.

분배가 개선될 때 소비 증가율이 더 높아진 것은 저소득층과 고소득층의 소비 성향 차이 때문이다. 저소득층은 소득의 대부분을 소비할 수밖에 없지만, 고소득층은 소득의 상당 부분을 저축한다. 이 때문에 저소득층은 소득이 늘어나면 대부분 소비 증가로 이어지지만, 고소득층은 소득이 줄더라도 저축이 줄어들 뿐 소비가 줄어들지 않는 경향이 있어 분배가 개선될 때 경제 전체의 소비는 증가하게 된다. 세계 경제가 새로운 선택의 기로에 서 있는 현시점에서 1930년대 미국의 경험은 시사하는 바가 크다. 지금까지 세계 경제는 기업의 고성장을 중심으로 경제적 성과를 이룩해 왔지만, 이런 방식의 성장은 한계를 맞고 있다. 그런데도 미국이나 유럽, 중국 등 어디에서나 기업 활동을 촉진해 경제위기에서 탈출할 생각만 하고 있다. 그러나 **수요 없는 기업 성과는 허상일 뿐이다. 아무도 소비는 하지 않으면서 공급만 하려 한다면 세계 경제는 장기 불황에서 벗어나지 못할 것이다.** 이제는 수요를 다시 확충하는 것이 장기적으로 기업이 제품을 생산해 시장에 팔 수 있는 튼튼한 여건을 만들어줄 수 있을 것이다. 1930년대 미국의 경험은 분배 구조 개선을 통한 수요 확대가 지금 필요하다는 것을 강하게 시사하고 있다[전민규 한국투자증권 연구위원, 한겨레신문, 2012.12.2.].

12. 국가자산, 신생기업 생존, 여성사업체

지난해 개인, 기업, 정부가 소유한 국가자산이 8천조 원을 넘어섰다. 10년 만에 배 이상 늘어난 수치다. 2011년 말 기준 국가자산은 8천319조원으로 2010년 말보다 439조원(5.6%) 늘었다. 이는 10년 전인 2001년 말 3천576조원의 2.3배 수준이다. 이번 국가자산 통계는 우리나라가 보유한 비(非)금융자산(실물자산)과 내구소비재를 순자산 가치로 평가해 지난해 말 명목 가격으로 작성됐다. 자산 형태별로는 토지(45.0%)와 유형고정자산(43.8%)이 88.8%로 대부분을 차지했다. 이어 재고자산(6.8%), 내구소비재(2.6%), 지하자산(0.7%, 철광석·석유·천연가스 등 국내에서 생산되는 지하자원 가운데 생산가치가 있는 자원자산), 무형고형자산(0.6%), 입목자산(0.4%) 등의 순이었다. 토지자산은 2010년보다 176조원 늘었고 유형고정자산은 183조원 증가해 지난해 국가자산 증가액의 81.6%를 차지했다. 토지자산의 지목별 비중은 대지가 52.6%로 가장 많았으며 농경지(15.4%), 공공용지(13.8%), 임야(6.1%) 등이 뒤를 따랐다. 시도별 토지자산은 서울이 1

천151조원으로 전체의 30.8%를 점했고 경기 1천80조원(28.9%), 인천 211조원(5.6%) 등으로 **수도권이 국가 전체 토지자산의 65.2%**에 해당했다. 수도권 토지자산 비중은 2001년 55.0%에서 10.2%포인트 높아졌다. **유형고정자산을 항목별로 보면** 비주거용 건물이 1천69조원(29.3%), 구축물 1천19조원(28.0%), 주거용 건물 888조원(24.4%) 등 **건설투자로 축적된 자산이 81.7%를 차지했다.** 설비투자로 축적된 기계장치(537조원, 14.7%)와 운수장비(131조8천억 원, 3.6%)는 전체 유형고정자산의 5분의 1 수준으로 집계됐다. 내구소비재 가치는 217조원으로 자동차 등 개인수송기구가 45.2%로 규모가 가장 컸다. 이어 TV 등 영상음향통신기기(22.4%), 가구·장치품(14.8%)이 뒤를 이었다.

소유 주체별로는 개인이 3천381조원(40.6%)으로 가장 많은 자산을 보유했다. 비금융법인(39.0%), 정부(18.8%), 금융법인(1.6%) 등이 뒤를 이었다. **개인자산이 가장 많은 것은 토지자산의 개인보유 비중이 높기 때문이다.** 유·무형고정자산과 재고자산 등 **자본축적 정도를 보여주는 생산자산**은 4천260조원에 달했다. 산업별 생산자 비중은 광업·제조업이 24.8%로 가장 컸고 부동산임대(21.6%), 공공행정(13.6%), 도소매음식숙박(8.4%), 건설(5.0%) 순으로 나타났다[세종=연합뉴스, 박수윤 기자, 2012.12.27./통계청; 국가자산 통계]. **여기서 주목할 점은 자본축적이 서울 수도권 중심으로 집중되고 있다는 사실이다. 비효율적인 낭비적인 건설투자로 축적된 자산이 81.7%에 이른다는 사실이다. 다시 말해서 한국 경제 발전은 비효율과 낭비를 낳은 양적 고성장으로 지역별 과도한 편중 성장과 자산축적을 유발했고 이것이 시간이 갈수록 소득 불균**

형을 심화시킬 수 있다는 점이다.

한국의 경제발전은 극심한 지역 편중을 가져온 기업배치를 통해 구조적인 왜곡을 가져오고 있다. 우리나라 신생기업들도 대부분 서울 수도권 중심으로 창업이 집중되고 있다. 그나마 이런 신생기업들도 2년 안에 절반 이상이 사라지고 있다. 이처럼 중소기업 창업자들은 살벌한 경쟁을 이겨내야 한다. 사업 할게 마땅치 않는 서민들은 살아가는 게 팍팍할 수밖에 없다. 이것은 이들의 소득과 고용이 몹시 불안하다는 것을 잘 보여준다.

우리나라의 신생기업들은 평균 생존율이 창업 2년 뒤 49.1%에 불과하다. 특히 상용근로자를 직원으로 두지 않은 개인사업자는 창업 5년이 지나면 28.8%만 생존했으며 숙박·음식업의 창업 5년 후 생존율은 17.9%에 그쳤다. 2011년 영리활동을 한 기업은 모두 **530만5천개**였으며 이 가운데 새로 생긴 기업은 **80만9천개**로 15.3%를 차지했다. 개인사업자와 상용근로자(근로소득세를 내는 종사자)를 1명이라도 둔 기업의 생존율은 큰 차이를 보였다. 개인사업자의 생존율은 시간이 지날수록 급격히 떨어졌다. 5년 후 28.8%에 불과했다. 반면 상용근로자가 있는 기업의 생존율은 서서히 감소했고 5년 후 45.2%수준을 유지했다. 신생기업의 산업별 5년 후 평균 생존율을 보면 **부동산·임대업(48.1%)과 광공업(41.9%)이 상대적으로 높았으며** 숙박·음식업(17.9%)과 보건복지·예술스포츠(19.7%), 사업서비스·하수처리업(21.3%)이 낮았다.

지난해 기준으로 매출액이 있거나 상용근로자를 고용한 '활동기업'은 530만5천개로 전년보다 3.1%(15만8천개) 늘었다. 업종별로는 **도·소매(130만5천개)와 부동산·임대업(106만4천개), 숙박·음식업(76만2천개)** 등의 순으로 **3대 자영업자가 활동기업의 절반 이상을 차지했다.** 활동기업 가운데 상용근로자가 없는 기업은 445만5천개(84.0%)로 나타났고 종사자 10명 미만 기업의 비중은 96.4%로 2007년 이후 96%대를 지속했다. **활동기업을 조직형태별로 보면 개인기업은 487만9천개(92%), 법인기업은 42만6천개(8.0%)로 나타났다.** 따라서 개인기업 가운데 상용근로자가 없는 기업을 제외한 42만4천개(8%)는 대부분 의사나 변호사 등 고소득 전문직 개인사업자인 것으로 추정됐다. 연령별 대표자는 40~50대가 62.3%로 가장 많았으며 같은 기간 50대는 25.3%에서 31.6%로 증가했다.

지난해 신생기업은 80만9천개로 전년보다 4.7% 늘었으며 신생기업의 종사자 수는 130만 명으로 나타났다. 신생기업은 글로벌 경제위기 당시인 2008년(−6.1%), 2009년(−4.5%)에 2년 연속 줄었으나 2010년(1.7%)부터 증가세로 돌아섰다. 신생기업은 도·소매(27.5%)와 숙박·음식업(20.3%), 부동산·임대업(16.2%) 등이 전체의 64%를 차지했다. **신생기업 가운데 상용근로자 없이 고용주만 있는 영세자영업자는 73만5천개(90.8%)로 대부분을 차지했다.** 산업별 소멸률을 보면 교육서비스(20.3%), 숙박·음식업(19.7%) 등의 순으로 신생률이 높은 산업이 소멸률도 높은 경향을 보였다. 지난해 매출액과 상용근로자가 연평균

3년간 20%를 초과한 고성장기업은 5천124개였으며 고성장비율은 2.8%였다. 고성장비율은 10명 이상의 상용근로자를 둔 활동기업 가운데 고성장기업이 차지하는 비율이다. 다만, 매출액만 기준으로 하면 고성장비율은 11.5%였으며 상용근로자 기준으로는 4.7%를 기록했다. **지난해 고성장기업은 활동기업이 집중된 서울과 경기지역에 전체의 절반(52.7%) 이상 분포했다**[세종=연합뉴스, 김준억 기자, 2012.12.27./통계청; 기업생멸 행정통계 최초 발표]. 한국통계가 보여주듯 우리나라의 신생기업들은 2년 안에 절반 이상이 사라지고 있어 돈 벌기 마땅치 않는 서민들은 살기 팍팍하고 소득도 고용도 몹시 불안하다는 것을 여실히 보여주고 있다.

우리나라에서는 여성이 대표자로 있는 사업체가 전체의 37.2%에 달한다. 숙박·음식점업이 가장 많다. 지난 2010년 기준 **전체 사업체 335만5000개중** 대표자가 **여성인 사업체가 124만8000개로 37.2%**를 차지했다. 종사자수는 355만6000명으로 전체 종사자수 1764만7000명의 20.1%였다. 연간매출액은 274조6910억원으로 전체 연간매출액 4332조2930억원의 6.3%를 차지했다. 사업체 수에 비해 종사자수나 매출액 비중은 상대적으로 낮았다. 업종별로는 숙박 및 음식점업이 41만3000개로 가장 많았다. 종사자수도 95만1000명으로 최다였다. 도소매업이 35만200개, 72만1000명으로 뒤를 이었다. 대표자가 여성인 개인사업체 영업이익률은 23.5%로 전체 개인사업체 영업이익률(20.3%)에 비해 3.2% 포인트 높았다. 업종별로는 부동산업 및 임대업이 42.7%

로 가장 높고 협회 및 단체, 수리 및 기타 개인 서비스업 37.9% 등의 순이었다. 여성 대표자 사업체수가 가장 많은 시군구는 서울시 중구이고 서울시 강남구, 제주 제주시 순으로 나타났다[이데일리 김상욱 기자, 2012.12.14./통계청; 여성대표자 사업체 현황 및 특성].

13. 한국의 자영업 실태

한국의 자영업자는 경제활동인구 2511만여명 가운데 28.6%를 차지하는 718만여명에 이른다. 여기에는 실제 자영업자 583만여명과 보수를 받지 않고 일을 돕는 가족 135만여명이 포함돼 있다. 인구 10명 중 3명이 자영업자인 셈이다. 여기서 주목할 점은 보수를 받지 않고 일을 돕는 가족 135만여명은 학술적인 실업 개념에 따르면 실업자에 포함시킬 수 있는 사람들이다[통계청; 6월 고용동향]. **국내 자영업자 비중은** 29.3%(2008년 기준)로 OECD 가입국 중 4번째로 높다. **미국(7%) · 독일(11.7%) · 일본(13%) · 영국(13.4%) 등 선진국보다 훨씬 높고, 평균(15.8%)과 비교해도 두 배가량 된다**[2008년 경제협력개발기구(OECD) 조사]. 국내 자영업자 규모는 2007년 746만명까지 늘었다. 2009년 705만명, 2010년 686만명으로 줄었다가 최근 다시 증가하고 있다. 올 4월 708만명으로 700만명을 넘어섰으며 6월 현재 718만여명을 기록하고 있다. 베이비붐 세대의 은퇴가 시작되면서 창업자 수가 늘어나고, 불안정한 취직보다 창업을 선택하는 젊은 층도 증가하고 있는 탓이다.

자영업자 가운데는 도 · 소매업이 가장 많다. 5인 미만이 일하는 소규모 사업장은 전체 사업장(335만여곳) 가운데 76.4%(256만여곳)나 된다. 자영업자 대부분은 영세업자들이다. 업종별로는 도 · 소매(28.8%)나 음식 · 숙박업종(22.6%)이 많다. **또한 여기서 눈여겨 볼 점은 도, 소매업이 취급하는 상품들은 대부분 재벌 집단의 계열사들이 생산하는 제품들이라고 추정한다.** 음식점 · 주점은 13.9%가 프랜차이즈 형태로 운영되며 치킨전문점은 74.8%가 가맹점 형태로 운영되고 있다. 자영업자들은 평균 7년6개월가량 사업을 유지하는 것으로 나타났다. 10곳 중 3곳(29.2%)은 5년이 채 안된 곳들이었다. 이들의 64%는 매월 임차료를 내는 월세 건물에 점포를 차리고 있는 것으로 나타났다. 소매업의 경우 매장 크기는 평균 71m²였다[통계청; 2010년 개인사업체 현황 및 특성 분석].

자영업자 10명 중 8명은 생계 때문에 사업을 시작한다. 또 이들 가운데 절반가량(46.2%)은 사업 구상에서 문을 여는 데까지 6개월(46.2%)이 채 안 걸렸다. 퇴직금 등을 끌어 모아 만든 창업자금은 1억원 미만이 98.65%로 대부분이었다. **여기서 한국 자영업자에서 볼 수 있는 것은 자영업자의 절반가량(45.4%)은 혼자 일을 하고 있는 것이다.** 10명 중 8명(76.6%)이 연간 매출이 1억원이 되지 않았으며 10곳 중 6곳(58.3%)은 월 매출이 400만원에 못 미쳤다. 또 이들 가운데 절반 이상(57.6%)이 적자 또는 수입이 없거나 매월 100만원도 안 되는 수익을 올린다[중소기업청; 2010년 전국 소상공인 실태조사/경향신문, 2012.7.15./통계청; 6월 고용동향, 특별취재팀 홍재원 · 김보미 · 이재덕 · 이혜인 기자].

14. 소득격차 확대 심화

우리나라의 소득격차가 기존에 파악된 수치보다 더 크게 벌어지고 있다. **기존 '가계 동향' 조사에선 고소득층인 상위 20%의 소득이 하위 20%의 570% 수준이었지만 최신 '가계금융·복지조사'에선 700%에 육박한 것이다.** 2011년 상위 20%의 평균소득은 4천994만원, 하위 20%는 723만원으로 소득 5분위 배율(균등화 가처분소득 기준)은 6.91이었다. 소득 5분위 배율은 상위 20%의 평균 소득을 하위 20%의 평균 소득으로 나눈 값으로 소득격차를 나타내는 대표적인 지표다. 앞서 통계청의 2011년 가계 동향 조사로 파악된 전체 가구의 5분위 배율인 5.73보다 격차가 큰 수치다. 이런 차이는 조사 방식이 달라서 생겼다. 기본적으로 가계 동향은 월 단위 조사를 합산한 것이고 가계금융·복지조사는 연간 단위이다. 특히 사업소득 계산 방식에서 큰 차이가 난다. 가계금융·복지조사는 사업소득에서 비용을 뺀 수치를 잡지만 가계 동향은 투자 등을 위한 유보 분까지 빼고 집으로 가져온 사업소득을 집계하는 만큼 가계금융·복지조사의 사업소득액이 더 크게 나온다. 사업소득의 규모가 더 커지므로 격차도 커질 수밖에 없다는 것이다. 떨어져 사는 맞벌이 가구의 소득도 가계금융·복지조사에는 본가에 합산해 조사하지만, 가계 동향은 각각 파악하는 차이도 있다. 가계금융·복지조사를 통한 5분위 배율 산출은 이번에 처음 시도한 것이어서 과거 수치는 없다. 흐름은 가계 동향 조사와 비슷할 것으로 본다. 가계 동향 조사의 연간 5분위 배율은 2007~2009년 각각 5.60, 5.71, 5.75배로 악화했다가 2010년 5.66으로 개선됐으나 작년에는 5.73으로 벌어졌다[서울=연합뉴스, 정준영 기자, 2012.12.29./통계청의 2012년 가계금융·복지조사 결과].

15. 베이비붐 세대의 빈약한 연금

베이비붐 세대(1955년~1963년 출생자) 다수가 국민연금 가입기간이 짧아 갑작스런 은퇴에 내몰리면 연금 혜택을 받지 못할 것이다. **2012년 8월 현재 국민연금 가입 대상인 베이비붐 세대 약 487만8천명 가운데 가입기간 10년을 넘겨 연금 수령요건을 채운 경우는 46%인 222만2천명에 그쳤다.** 나머지 절반 이상은 실직과 은퇴 등으로 총납부기간 10년을 채우지 못할 경우 연금이 아닌 일시금만 받게 된다. 또 가입기간을 채워 연금수령이 가능한 베이비붐 세대 222만2천명이 60세까지 보험료를 계속 납부한다고 가정할 때 이들 가운데 78%는 월수령액이 최저임금(2012년 기준 95만7천원)에 미치지 못한다. 절반에 가까운 47%는 예상 수령액이 1인가구 기준 최저생계비(2012년 기준 55만3천원)에도 못 미쳤다. 이는 국민연금이 은퇴가 임박한 베이비붐 세대의 노후소득보장 역할을 제대로 할지 의문이다[서울=연합뉴스, 하채림 기자, 2012.10.21./국회 보건복지위원회 김용익(민주통합당) 의원 제출 국민연금공단 자료].

16. 장기적인 경기 침체로 한국 가계는 후진국 형 식료품비 지출구조로 바뀌었다.

경기 침체로 가계의 식료품비 지출규모가 크게 줄었는데도 전체 소비에서 식료품비가 차지하는 비중은 최근 12년 새 최고치를 기록했다. 불황 탓에 씀씀이를 줄이면서 가계의 소비지출 구조가 식비만 높아지는 후진국 형으로 바뀌었다. 2012년 3분기 중 가계의 최종소비 지출액은 165조7천39억원으로 집계됐다. 이 가운데 식료품·비주류음료품(이하 식료품) 지출액은 24조1천946억원으로 전체 최종소비 지출액의 14.6%를 차지했다. 이는 2000년 3분기(15.1%) 이후 12년 만에 최고치다. 2000년 전체 가계의 최종소비 지출은 80조5천494조원에 식료품비는 12조1천378억 원이었다. 우리의 소비구조가 12년 전으로 되돌아간 셈이다. 가계의 식료품비 지출 증가율은 전년동기 대비를 기준으로 2012년 3분기 4.8%에 머물렀다. 2009년 3분기(2.7%) 이후 3년 만에 가장 낮다. 경제규모가 커질수록 식료품비 증가율이 늘어나는 것과 대조적이다.

식료품비 지출 증가율이 최근 3년 새 지속적으로 둔화했는데도 전체 소비지출에서 식료품비가 점하는 비중이 되레 최고치로 올라선 것은 불황의 여파다. 극도의 경기침체 탓에 가계가 전체 소비를 줄여가며 허리띠를 졸라매고 있지만 '먹는' 것과 직결되는 식료품비를 줄이는데 한계가 있기 때문이다. 실제로 2012년 3분기 가계의 전체 최종소비 증가율은 전년 동기 대비 3.1%에 그쳐 같은 기간 식료품비 증가율(4.8%)에 못 미쳤다. 이러한 '역전현상'은 2010년 2분기부터 이어졌다. 당시 전체 소비지출 증가율은 6.4%였던데 비해 식료품비 증가율은 8.4%로 더 높았다. 직전 분기인 2010년 1분기만 해도 전체 소비지출 증가율(9.3%)은 식료품비 증가율(7.7%)을 웃돌았다. 본격적인 소비침체가 2010년 2분기부터 시작됐다고 볼 수 있다. 경기침체 탓에 식료품비 지출 증가율이 둔화했지만 나머지 분야의 소비지출 증가율은 더 빠르게 둔화한 탓이다. **이처럼 불황이 지속되면 소비가 엄청나게 위축될 수밖에 없지만 생존에 필수재인 식료품비를 줄이는데 한계가 있기 때문이다.** 경기침체 탓에 한국 가계의 소비구조는 과거로 돌아간 셈이다[서울=연합뉴스 이강원, 방현덕 기자, 2012.12.17./한국은행; 가계의 최종 소비지출 현황].

17. 기업의 현금보유 급증과 설비투자 침체 그리고 경제성장 지연

경기 침체가 장기화되면서 기업의 현금성 자산과 사내유보금이 크게 늘어났다. 이것은 기업의 투자심리가 위축되고 있다는 것을 의미한다. 내년에도 계속 불황이 이어질 것으로 전망되니 투자 심리는 여전히 좋지 않을 것이다. 따라서 기업의 내년 투자가 원활하지 못할 것으로 보이며 국내 경기 회복도 느려질 것으로 전망된다[서울=연합뉴스, 권혁창 김다정 오예진 기자, 2012.12.16./금융정보업체 에프앤가이드/ 한국거래소].

국내 유가증권과 코스닥시장에 상장된 2012년 12월 결산법인 1천 591곳의 현금 및 현금성자산은 올해 3분기말 기준 64조2천636억원으로 작년 같은 기간(59조2천917억원)보다 8.4%(4조9천717억원) 늘어났다. 현금성 자산은 특히 유가증권시장을 중심으로 3분기 들어 급증했다. 올해 상반기 말 유가증권시장 12월 결산법인 633개사의 현금 및 현금성 자산(51조5천645억원)은 작년 말과 비교해 5.4%가량 감소했다. 하지만 유가증권시장 655개 기업의 현금성 자산은 작년 3분기와 올해 3분기(55조9천585억원) 사이 오히려 6.3% 증가해 최근 들어 급증했음을 보여줬다.

기업의 현금 및 현금성자산은 통화 외에도 통화대용증권, 당좌예금, 보통예금처럼 비교적 빠르고 쉽게 현금으로 전환할 수 있는 자산을 포괄한다. 기업이 현금 보유량을 늘렸다는 것은 설비투자나 연구개발에 돈을 쓰는 대신 불안한 경영환경과 불확실한 사업전망에 대비하는 것으로 해석할 수 있다. **특히 코스닥 시장에 비해 대형 기업이 많은 유가증권시장 상장 기업의 현금 보유가 늘었다는 것은 중소대기업의 투자 심리가 위축됐음을 의미한다.** 실제로 국내에서 자산규모 1위인 삼성전자의 3분기말 현금성 자산(3조6천958억원)은 작년말과 비교해 2배가량으로 급증했다. 반면 삼성전자의 시설투자는 1분기 7조8천억원에서 2분기 6조2천억원, 3분기 4조5천억원으로 하락세를 그려왔다. 3분기 투자액은 10분기만에 최소수준이다.

기업의 투자심리 위축은 사내 유보금 증가로도 확인된다. 조사대상 1천644개사의 3분기 말 현재 내부유보금 총액은 823조3천536억원으로, 작년 같은 시기 773조3천475억원보다 50조원가량(6.5%) 증가했다. 내부 유보금은 이익잉여금 중 주주들에게 배당하지 않은 돈이다. 기업들은 투자자들에게 나눠주는 배당금마저 아껴 현금으로 쌓아둔 것으로도 볼 수 있다. 앞으로 불확실한 경기가 장기적으로 이어지면

기업들이 불확실성에 대비한 보수 경영을 할 수밖에 없을 것이고 따라서 현금성 자산이 증가한다. 특히 2008년 글로벌 금융위기 때 겪었던 학습효과가 되살아나면서 위기에 대비해 '현금이 최고'라는 인식이 커지면서 기존에 계획했던 투자를 거둬들이고 신규 투자는 검토조차 않을 수 있다.

일부 전문가들은 올해 국내총생산(GDP)이 2.2% 정도 증가할 것으로 예상하며 과거 4~5%대에서 멀어지면서 기업의 투자심리를 위축될 것으로 본다. 최근 설비투자는 종합해볼 때 내년에도 상당히 어려울 것이다. 수출 호조와 내수 진작 등 경기 회복 신호가 있어야 기업이 고용을 확대시키고 투자가 증가할 것이기 때문이다. 올해 상반기에 설비투자 집행을 했고 하반기부터 둔화되기 시작했으며 내년에도 설비투자 규모가 줄어들 가능성이 있다. 우리나라의 내수와 수출 등에 대한 불확실성이 커지고 특히 대기업은 올해보다 내년 설비투자 규모를 더 작게 계획하고 있어 내년 상반기까지는 투자가 활성화되지 않을 것으로 본다. 또 연말을 앞두고 대선과 주요국의 정권교체 등 정치이벤트로 기업 경영이 불확실해질 수 있다는 점도 기업들의 현금 수요를 촉발하는 요인이다. 정치이벤트에 따라 경제정책이 바뀌기 때문에 기업들도 준비할 시간이 필요하며 새로운 경제정책에 따라 투자계획과 투자규모도 바뀌는 만큼 경기가 회복되기 전까지 본격적인 투자에 나서기는 어려울 것이다. 기업의 설비투자가 위축되면 국내 경제 회복속도도 그만큼 더뎌질 것이다. 설비투자는 기업의 고용과 직결되기 때문에 기업이 투자를 안 하면 고용도 개선되기 어렵다. 설비투자가 활성화돼야 고용 창출에서 소비 증가로 이어지는 선순환이 가능하다. 따라서 최근 기업들이 현재 투자를 뒷전으로 미루고 현금만 쌓아두면 내년 경기회복이 지연될 수밖에 없을 것이다.

18. 우리나라 가계부채는 현재의 국민경제 상황이 감당할 수 있는 수준인가?

우리나라 가계부채는 국민경제가 소화하기 어려운 만큼 계속해 늘어나고 있다. 가계부채 증가세가 개선되고 있다는 기미가 보이지만 부채증가율이 경제성장률을 뛰어넘는 상황을 '개선'이라 볼 수 없다. 올해 3분기까지 우리나라의 가계신용은 937조5천억 원으로 지난해 같은 분기보다 5.6% 늘었다. 가계신용은 금융기관에서 빌린 대출과 카드·할부금융사의 외상판매를 합친 것으로 사실상의 가계부채다. 증가율만 보면 3분기 기준으로 4년 만에 가장 적게 늘었다. 실제로 2008년 전년 동기 대비 10~11%씩 증가하던 분기별 가계부채 증가율은 2010~2011년 8~9%로 낮아지더니 올해는 1분기 7.0%, 2분기 5.8%로 하락세다. 이 같은 추세가 지속할 경우, 가계신용(부채) 증가율이 올해 4% 중반 수준까지 떨어져 2004년 이후 최저 수준이 될 것이다. 그러나 이는 상황을 너무 낙관적인 시각이다. 가계부채 증가율이 여전히 경제성장률을 웃돌고 있기 때문이다. 올 3분기 가계부채 증가율(5.6%)은 명목 국내총생산(GDP)성장률 2.4%의 두배를 넘고 경제 성장으로 소화할 수 있는 양보다 부채가 더 많이 불어났다. 올해 2분기(5.8% · 3.5%)나 1분기(7.0% · 4.3%)도 마찬가지다. **경제 규모가 커질수록 부채가 확대하는 것은 당연하지만 부채는 경제의 부가가치가 증가하는 만큼만 늘어나는 게 바람직하다.** 2009년과 2010년 일부를 제외하곤 2011년 1분기부터 현재까지 21개월간 가계부채 증가율은 명목GDP성장률을 1.7~4.2%포인트씩 웃돌았다. 올해도 1분기 2.7%포인트, 2분기 2.3%포인트, 3분기 3.2%포인트씩 차이가 나는 등 '개선'과는 거리가 멀다. 오히려 격차가 커지고 있다. **관계 당국이 가계대출이 '5년간 명목GDP성장률' 등 적정수준을 초과하는 만큼 대출기관에 규제를 가하겠다는 지침을 가졌지만 성과는 미진하다.** 그간 가계부채의 질은 악화했다. 10월 은행의 가계대출 연체율은 지난 8월과 같은 1.01%로 2006년 10월(1.07%) 이후 6년 만에 가장 높았다. 지난해 말부터 가계대출이 제2금융권을 중심으로 늘어나는 '풍선효과'가 일어나고 있다. 성장률을 넘는 가계부채 증가는 경기 위축이 장기화하는 지금 같은 상황에 더 문제가 된다. 성장률을 높이고 가계의 소비 여력을 키워주는 방안이 절실하지만 국내외 경제 상황이 좋지 않아 우려스러울 뿐이다[서울=연합뉴스, 이강원 방현덕 기자, 2012.12.16.].

세계 최강 미국 경제는 2007년 서브프라임 사태를 맞으며 글로벌 동시 불황의 단초를 제공했다. 이에 앞서 미국의 균열은 2004년에 이미 시작됐다. **미국의 국민처분가능소득(NDI) 대비 가계부채 비율이**

2004년 100%를 돌파하며 시장 위기가 본격화했기 때문이다. NDI 대비 가계부채 비율이 100%를 넘어선 것은 늘어나는 부채를 소득으로 갚아갈 능력을 사실상 상실했다는 것을 의미한다. 주택담보대출을 갚지 못하기 시작해 서브프라임 사태로 이어졌고, 결국 다음해인 2008년 리먼브러더스 사태를 촉발시킨 것이다[매일경제, 2012.9.19.].

국가위기에 시달린 아일랜드와 스페인의 가계부채 비율이 100%를 넘은 시점은 각각 2005년과 2007년이었다. 이들 두 나라도 가계부채 비율이 100%를 넘어선 후 3~4년 안에 어김없이 국가 부도 급 경제위기를 맞았다. **소득 증가 속도가 부채 증가 속도를 따라잡지 못했고, 부동산 부실이 촉발되면서 경제 전체가 망가진 것이다.** 해외 사례를 적용할 경우 우리나라는 작년 말 현재 84.7%인 NDI 대비 가계부채 비율이 2년 뒤인 2014년 4분기 100%를 돌파하게 된다. NDI 대비 가계부채 비율이 중요한 것은 국가 경제가 가계부채에 대응할 수 있는 1차 재원이 NDI이기 때문이다. 가처분소득은 가계부채에 대한 원리금 상환의 주요 수단이며 벌어들이는 소득 대비 가계부채 비율이 과도하게 높아질 경우 경제 전체가 짊어져야 할 부담이 커질 가능성이 높아진다. 미국이나 아일랜드, 스페인은 가계부채 비율이 100%를 넘어선 뒤 3~4년 후에 경제 붕괴가 일어났지만 한국은 도화선에서 뇌관까지 거리가 매우 짧을 수밖에 없다. 부채 증가 속도가 그만큼 빠르기 때문이다.

미국의 경우 가계부채 비율이 100%를 넘어선 시점이 경기와 주택

가격 상승기였기 때문에 부채 부담을 견딜 수 있었다. 하지만 한국 경제는 이미 하강기로 접어들었고 부동산 가격도 추락하고 있기 때문에 도화선에 불이 붙자마자 바로 폭발로 이어질 위험성이 있다. 우리 경제의 성장 지체가 지속된다면 가계부채 뇌관 폭발 시기는 더 빨리 다가온다. 경제성장률이 추락해 NDI 성장률 가정을 2%로 낮출 경우 부채 비율이 100%를 넘는 시기가 2014년 2분기로, 1%로 낮아질 경우 2014년 1분기로 각각 앞당겨진다. 정책 대응을 선제적으로 하지 못할 경우 차기 정권이 출범한 이후 1년 안에 가계부채 뇌관 폭발 회오리에 휘말려 들어갈 가능성이 높다는 의미다.

가계부채의 양적 구조뿐만 아니라 가계부채의 질적 구조 악화도 위기 속도를 앞당길 수 있다. 2008년 금융위기 이후 가계부채 증가세는 자영업자나 저소득층이 제2금융권을 통해 창업과 생활 자금 조달에 나서며 생긴 일이다. 이전에는 소득이 일정한 직장인이 은행 등 1금융권을 통해 주택담보대출을 받으며 가계부채 증가세를 주도했다. 과거와 달리 최근 가계부채는 대출받는 계층, 대출 금융사, 대출 목적 등에서 모두 질적인 악화가 일어나 그 위험성이 한층 커졌다. 가계부채 문제를 한국 경제의 뇌관이다. **미국은 부동산 가격이 상승하던 시기에 가계부채가 늘어났지만 한국의 경우 부동산 가격 추락과 가계부채 증가가 동시에 이뤄져 위험성이 더 크다.**

국민경제가 소비나 저축 등으로 자유로이 쓸 수 있는 NDI는 2011

년 말 기준 1077조원이고 전체 가계부채를 뜻하는 가계신용은 912조원으로 NDI 대비 가계부채 비율은 84.7%다. 문제는 가계부채 증가속도다. 신용불량자를 대거 양산했던 2003년 카드사태 무렵 잠잠해졌던 가계부채는 2004년 494조원에서 지난해 말 912조원으로 연평균 9.2%가 늘어났다. 반면 NDI는 같은 기간 720조원에서 1077조원으로 연평균 5.9%가 늘어나는 데 그쳤다. 문제는 NDI가 앞으로 연평균 5.9%가 늘어날 수 있느냐는 대목이다. 우리 경제가 저성장하고 있는 점을 감안할 때 가장 보수적인 시나리오로 잡을 수 있는 숫자는 금융위기 직후인 2010년 NDI 증가율 3.2%[리먼 브러더스 예측]를 토대로 향후 가계부채가 연평균 9.2% 늘어날 것으로 가정할 경우, 2014년 4분기 가계부채와 NDI는 각각 1186조원과 1183조원을 나타내며 NDI 대비 가계부채 비율이 100%를 넘어설 것으로 본다[매일경제, 2012.9.19.].

19. 박근혜 보수정부의 저소득계층 가계부채 해법

늘어나는 빚 때문에 가계의 재무여력이 글로벌 금융위기 수준의 3분의 1로 쪼그라들었다. 특히 저소득층 10가구 가운데 3가구는 재무여력이 적자다. **저소득가구 중 가구주가 40대 이상이거나 자영업자 또는 다중채무자인 '잠재적 위험가구'는 171만 가구에 달했다.** 가계의 **재무여력비율**이 2009년 6월 29.9%에서 2012년 6월 9.7%로 줄었다. 재무여력비율이란 가구 연소득에서 연간 신용판매 이용금액과 원리금 상환액을 빼고서 다시 가구 연소득으로 나눈 것이다. 가계의 지출이나 원리금 상환이 늘수록 재무여력이 나빠진다. 재무여력 약화는 소득여건이 좋지 못한 상황에서 가계 빚이 계속 불어나 상환부담이 커진 탓이다.

소득보다 신용판매 이용금액과 원리금 상환액의 합이 더 많은 적자가구는 2009년 6월 107만5천 가구에서 지난 6월 198만3천 가구로 84.5% 늘었다. 전체 가구에서 차지하는 비중도 15.2%에서 24.9%로 커졌다. 가계의 평균 대출 잔액은 8천132만7천원에서 9천160만6천원으로 늘어나 소득대비부채비율(LTI)은 166.8%에서 182.4%로 올랐다. 소득별로는 1분위(소득 하위 20% 이하)와 2분위(소득 하위 20~40%) 가구의 재무여력이 빠르게 나빠져 아예 재무여력이 마이너스인 가구 비중이 각각 31.3%와 34.6%에 달했다.

연령별로는 30~40대의 재무여력이 좋지 않았다. 30대 재무여력 비율은 6.1%, 적자가구 비중은 29.0%였고, 40대는 6.5%와 26.0%였다. **직업별**로는 일반 자영업자는 물론 의사, 변호사 등 전문 자영업자도 재무여력이 마이너스인 것으로 나타났다. **다중채무자**는 **은행과 비은행**에 각각 빚이 있는 적자 자구 비중이 37.4%, **제2금융권** 여러 곳에 빚이 있는 적자가구 비중은 38.8%다. 소득 1~2분위 중 40대 이상이거나 일반자영업자 또는 다중채무자인 '잠재적 위험가구'가 171만 가구에 달했다. 이 세 가지 기준에 모두 속하는 '고위험 가구'는 6만6천 가구로 추산했다.

이 같은 가계상황은 내년에도 나아지기 어려울 것으로 전망된다. 내년에도 세계경기의 저성장 기조로 국내 경제가 크게 개선되기 어렵고 가계수지 회복세도 제한적 수준에 그치기 때문이다. 따라서 취약계층의 부실위험이 커질 것으로 보인다. 이 때문에 박근혜 대통령 당선인이 가계부채의 최우선 과제로 제시한 '국민행복기금'이 주목된다. 일반 채무자는 50%, 기초수급자 등은 70%까지 채무를 감면하고,

1인당 1천만 원 한도에서 고금리 대출을 가진 다중채무자가 저금리 장기 상환 대출로 갈아탈 수 있도록 이 기금이 활용된다. 제2금융권 대출금리 감면과 채무조정 등으로 상환부담을 줄어들 것이다. 특히 일반 자영업가구는 재무여력이 취약해 단기적으로 유동성 위험이 빠질 수 있으므로 서민금융을 이용한 지원이 필요하다[서울=연합뉴스 고은지 기자, 2012.12.24./ 개인 신용평가사인 코리아크레디트뷰로(KCB) 연구소; 개인 신용시장 전망].

20. 깡통아파트, 깡통주택, 깡통전세 집, 깡통상가

2006년 말 경기 용인의 164㎡짜리 중대형 아파트를 8억5000만원에 산 사람이 최근 5억 원 밑으로 떨어진 경우다. 이 집 소유자는 자고 나면 집값이 수백 수천만 원씩 오르던 당시 3억2000만원의 대출을 받아 샀던 아파트이다. 지금은 대출금과 세입자 전세보증금을 빼주고 나면 집을 팔아도 손에 한 푼도 쥘 게 없는 깡통아파트로 전락했다. 대한민국 부동산 시장이 온통 깡통 소리로 요란하다. 이른바 '깡통주택'과 '깡통전세 집'을 갖고 있어도 집이 없어도, 저마다 처한 입장에 따라 '하우스 푸어' 내지는 '렌트 푸어'로 불리며 잘못 선택한 집 한 채 때문에 빈 털털이로 내몰린 사람들이 쏟아지고 있다.

내 집 마련의 꿈노 은행 빚에 기낸 사람들에센 악몽과 다름 아니다. 내려가는 집값에 수십만 원에서 수백만 원씩 매달 꼬박꼬박 물어야 하는 이자부담은 가계부채로 삶을 팍팍하게 만들고, 심지어 집을 팔아도 빚조차 다 갚지 못하는 깡통 신세에 처하기도 한다.

담보인정비율(LTV) 한도(시세의 60%)를 넘어 집을 팔아도 대출금을 다 갚기 어려워질 것으로 추산되는 가구는 약 39만5000가구로, 시중 은행권에서만 48조원(전체 주택담보대출의 16.9%) 규모에 달한다. 집계되지 않는 제2금융권까지 감안하면 LTV 한도 초과대출 규모는 이보다 훨씬 커질 것으로 추산한다. 과거 집값이 높았을 때 받은 대출의 경우 최근 몇 년 새 집값이 크게 하락하면서 대출 한도를 초과하는 경우도 늘고 있다. 특히 은행보다 대출한도 기준이 높은(70%) 저축은행과 여신전문회사의 경우 LTV를 초과한 대출은 은행권 초과대출보다 깡통주택의 가능성이 더 높은 상황이다.

6월말 주택가격을 기준으로 저축은행과 여신사의 LTV를 초과한 주택담보대출자는 1만7300여명에 대출 잔액은 약 1조3700억 원으로 집계됐다. 여신금융사는 9028명, 7598억 원이고, 저축은행은 8302명, 6150억 원이 LTV 한도를 초과해 깡통주택의 우려를 낳고 있다. **2금융권 대출자 가운데 LTV가 100%를 넘어 집을 팔아도 원금을 갚지 못하는 확인된 깡통주택 보유자도 903명(769억 원)에 달했다.** 전세 집을 사는 사람도 서럽기는 마찬가지다. 매매가를 쳐올릴 듯 무섭게 뛴 전세 값은 무주택 서민들을 '렌트 푸어'로 만들었다. 2년 만에 돌아온 전세 재계약에 수천만 원씩을 올려주지 못하면 더 작은 집, 더 못한 집, 더 외진 곳으로 내몰리는 전세유랑민이 되기도 한다. 그나마 이 정도는 사정이 나은 편이다. 전세 준 집주인이 집을 팔아도 대출금과 전세보증금을 다 갚지 못하는 깡통전세 세입자들은 속이 더 시커멓게 타들어가고 있다.

부천의 전용 122m²짜리 아파트에 전세를 살던 집이 최근 경매로 넘어가면서 전세 값 1억6000만원 중 절반 이상을 떼일 판이다. 계약 당시 집주인 앞으로 은행 대출 1억9000만원이 있었으나 집값(4억3000만원)을 봐서 별 일 없을 것이란 중개업자만 믿고 계약을 한 경우다. 하지만 지금은 3억5000만원에도 거래가 힘들 정도로 값이 떨어졌다. 전세 든 사람이 보증금을 전액 회수하려면 최소한 시세 수준인 3억5000만원에는 낙찰이 돼야 한다. 그러나 수도권 아파트의 경매 낙찰가율(감정가 대비 낙찰가 비율)이 75% 안팎인 점을 감안하면 예상 낙찰가는 2억6000만원으로, 대출 상환액 1억9000만원을 제하면 7000만원 밖에 돌려받지 못할 처지가 된다.

깡통전세는 아직 수도권 일부 지역에서 나타나는 상황이지만, 집값이 지속적으로 하락하고 전세가가 계속 상승하면 더욱 확산될 여지가 크다. **깡통전세인 주택이 경매로 넘어가면 그 뒷감당은 세입자가 떠안게 된다. 집값 하락세가 이어질 경우 세입자가 전세금의 상당액을 돌려받지 못하는 피해도 늘어날 수 있다. 주택만 깡통이 아니라 상가도 깡통을 차기 시작했다.** 한국은행은 최근 5월 말 기준 상업용 부동산의 연체율(1.44%)이 주택담보대출 연체율(0.93%)을 추월해, 아파트뿐 아니라 상가시장에서도 푸어 족(族)이 양산되고 있다고 진단한다. 또 경매로 내놔도 은행 빚을 전부 청산할 수 없는 깡통상가가 전체 상가담보대출의 25.6%, 금액으로는 12조7000억 원 어치가 묶여 있는 것으로 나타났다. 경매로 나오는 상가의 낙찰가율도 계속 하락하고 있어 지난해 70%대에서 올해는 줄곧 50%대의 낮은 수준에서 맴돌고 있다. 문제는 앞으로도 사정이 나아질 가능성이 그리 높지 않다는 것이다. 상가는 실물경기의 영향을 많이 받는 데다 주택처럼 LTV 적용을 받지 않아 대출 비중이 높은 곳이라면 깡통을 찰 가능성이 높다. 글로벌 경제 위기 이후 위축된 내수가 얼마나 회복되느냐가 관건이다[조선비즈, 2012.10.25.].

21. 지방경제간 성장격차 심화

울산의 1인당 소득이 가장 높았으며 3년 연속 고속성장을 주도하고 있다. 지역경제의 수도권 집중현상이 다소 완화됐지만 여전히 높은 수준을 유지했다. 실질 기준 민간소비는 16개 시·도에서 증가했다[서울=연합뉴스, 구정모 기자, 2012.12.24./통계청; 2011년 지역소득(잠정)]. 울산의 1인당 개인소득은 1천854만원으로 전국 16개 시·도 가운데 가장 많았다. 전국 평균인 1천447만원보다 28.1% 높은 수준이었다. 이어 서울(1천684만원), 부산(1천484만원), 대전(1천453만원) 순이었다. 전남(1천226만원), 강원(1천253만원), 충남(1천274만원)은 전국 평균에 밑도는 하위 그룹을 형성했다. 특히 울산은 3년 연속으로 서울을 따돌리고 1인당 개인소득이 가장 많았다. 지난해 전체 개인 소득이 14.4% 늘어나 4.2% 증가에 그친 서울과 1인당 개인소득의 격차가 더 벌어졌다. **울산과 서울 간 1인당 소득차이는 2010년 34만원에서 지난해 170만원으로 5배로 급증했다. 울산은 상대적으로 좁은 지역에 조선·자동차 제조업체가 밀집돼 있어 소득뿐 아니라 지역내 총생산에**

서 1인당 지표가 월등히 앞선다. 지역내 총생산은 69조1천억 원으로 16개 시·도 가운데 여섯 번째로 많지만, 1인당으로 환산하면 6천253만원으로 전국 평균의 2.5배 수준의 전국 1위로 올라선다.

지역 경제에서 수도권이 차지하는 비중이 다소 완화됐다. 명목 기준 서울의 지역내 총생산은 284조원으로 가장 많았다. 경기(243조원), 경남(86조원), 충남(85조원), 경북(81조원) 등도 지역내 총생산이 큰 편이었다. **서울과 경기, 인천을 더한 수도권의 지역내 총생산 비중은 전국의 47.1%로 전년 47.8%보다 0.7%포인트가 축소됐지만 여전히 과도한 지역 편중 현상이 심하다.** 조금 축소된 것도 울산(16.8%) 지역의 급증한 요인이며 충남(11.2%), 전북(9.9%) 등 비(非) 수도권에서 지역내 총생산 증대가 기여했다. 울산은 제조업(12.1%)과 운수업(26.3%)이 지역경제 성장을 이끌었고, 충남과 전북은 제조업(각 8.0%, 6.3%)과 전기·가스·수도업(각 13.0%, 86.1%)이 호조를 보였다.

지역내 총생산 대비 지역총소득 수준은 서울(133.7), 대구(119.2), 경기(114.8) 등 6개 지역이 100을 웃돌았다. 이 비율이 100을 웃돈다는 것은 지역총소득이 지역내 총생산보다 많음을 의미한다. 사는 곳과 다른 지역에서 일하는 이들이 많거나 투자에 따른 이익이 많고 다른 지역의 영업이익이 이전되는 규모가 클 때 이런 현상이 나타난다. 충남(58.5), 전남(59.6), 울산(63.6%) 등은 지역 내 생산보다 소득이 낮았다.

실질 기준으로 16개 시·도 전체에서 모두 민간소비는 증가했다. 평균 증가율은 2.3%다. 시도별로 보면 인천(3.4%), 제주(3.2%), 경남(3.2%) 등은 전국 평균을 웃돌았다. 서울(1.5%), 부산(2.0%), 전남(2.3%) 등은 소비가 다소 주춤했다. 실질 기준으로 건설투자는 제주(15.5%), 전남(9.4%), 충남(1.7%)을 제외한 나머지 시·도에서 감소세를 보였다. 설비투자는 충남(43.1%), 전북(25.1%), 강원(11.3%)에서 활발했다[서울=연합뉴스, 구정모 기자, 2012.12.24./통계청: 2011년 지역소득(잠정)]. **앞으로 박근혜 당선인의 집권기간 5년 동안 지역경제의 성장왜곡을 차단하고 전국이 골고루 성장해 도농 간 경제력 격차가 해소되어야 한다. 국민행복시대를 여는 것은 도농 지역 주민들의 삶의 질이 큰 차이 없이 잘 사는 것이 아닐까 생각한다.** 2013년 경기가 가능한 빨리 회복되도록 정부의 적극적인 정책대응이 필요하고 기업들의 생산 공장들이 소외된 지방에 들어서도록 유도하는 지역개발정책이 강력하게 추진되어야 한다. 기업체의 지역 이동에 따라 인구 분산이 이루지고 시장형성과 함께 구매력이 창출될 수 있기 때문이다.

22. 박근혜 보수정권의 재탄생

박근혜 대통령 당선인의 탄생은 그가 기치로 내건 시대정신들에 대한 국민의 선택으로 볼 수 있다. 국민들은 여러가지 기대를 갖겠지만 그중에서도 국민대통합의 실현을 간절히 바랄지 모른다. 실제 선거 기간 중에도 박 당선인은 새누리당의 대선후보로 확정된 지난 8 · 20 전대 직후 김영삼 전 대통령, 고(故) 김대중 전 대통령의 부인 이희호 여사, 그리고 고(故) 노무현 전 대통령 묘소와 부인 권양숙 여사를 예방하며 대선정국 초기부터 대통합 행보에 나섰다. 비록 유족측과 쌍용차 해고 노동자들의 반발로 무산되기는 했지만 지난달 8월28일 전태일 재단을 방문하고 "5 · 16과 유신, 인혁당 사건들은 헌법가치가 훼손되고 대한민국의 정치발전을 지연시키는 결과를 가져왔다"며 과거사 논란에 대해 전격적으로 사과하기도 했다. 이정현 공보단장, 이상일 대변인 등 호남출신 당내인사를 전면에 내세우고 한광옥 국민대통합위원회 수석부위원장과 김경재 기획담당특보 등 과거 DJ(김대중 전 대통령) 측근들을 영입한 것도 마찬가지다[뉴시스, 2012.12.20.].

그러나 정치 선거 지형에서는 진보와 보수로 뚜렷이 나뉘며 양쪽 진영 간 갈등의 골은 깊어졌다. 지역적으로도 마찬가지다. **새누리당 후보는 호남에서 의미를 부여할만한 득표율에 미치지 못했고 전통적 지지기반인 TK(대구 · 경북)의 몰표에 가까웠다. 서울과 수도권에서 값진 성과를 얻을 뿐이다.** 2030에서의 절대적 약세와 5060의 절대적 우세 등 세대 간 지지세 차이도 극명하게 엇갈렸다. 결과적으로 박 당선인은 절반을 조금 넘는 유권자들의 선택을 받았지만 이는 거꾸로 자신을 선택하지 않은 나머지 절반의 국민들을 보듬어야 할 책무를 지게 됐다. 국민을 또 다시 속이지 않는 구체적인 실천을 지켜볼 뿐이다.

사회 불안을 야기하는 양극화 해소도 박 당선인이 임기 내내 온 힘을 쏟아야 할 과제다. **비정규직이 800만 명을 넘어서고 자영업자 가운데 57%가 월 소득 100만 원 이하인 시대, 국민의 45%가 자신을 하층민으로 생각하고 있는 현재의 상황은 경제민주화라는 시대정신을 낳기도 했다. 박 당선인도 경제민주화는 국민행복의 첫걸음이라고 수차례 강조했다.** 양극화 해소에 대한 실천의지를 거듭 다져왔다. 과거에는 경제성장의 혜택이 전 계층에게 광범위하게 퍼졌지만 지금은 일부 계층에게만 성장의 과실이 집중돼 양극화가 심화됐다는 것을 인식하고 있는 그녀를 국민들은 집권 기간 내내 지켜 볼 것이다. 그녀의 경제민주화의 방향은 재벌개혁보다 공정하고 투명한 시장경제 질서 확립에 중점을 뒀다. 경기침체에 대한 우려가 커지는 상황에서 자칫 '재벌 때리기'로 비춰질 수 있는 정책들로 대기업을 위축시켜서는 안 된다는 선을 분명히 그어 놓았다. 그는 모든 경제주체들이 성장의 결실을 골고루 나누고 그들이 스스로 변화의 축을 이뤄 조화롭게 커가는 나라를 만들겠다는 것이다. 이를 위해 구체적인 한 방안으로 대기업에서 골목상권이나 재래시장 등을 위협했던 것들을 과감히 내려놓는 대책을 찾을 것이다.

더불어 극심한 침체를 보이고 있는 경기를 활성화시킬 수 있는 방안도 모색해야 한다. **경기침체는 일자리 부족을 심화시키고 중산층은 물론 영세자영업자들의 삶을 힘겹게 만들어 사회 갈등을 증폭시킨다.** 국민들의 '먹고사는'문제가 적절히 해결되지 못한다면 그 어떤 정치력도 제대로 발휘되거나 인정받는 것이 어려울 것이다. 국민들은 대기업 집단도 중소기업과 상생하고 동반성장하지 않으면 큰 불이익을 받게 되는 정상적인 경제 질서가 바로 잡히는 날을 지켜 볼 것이다.

점점 꼬여가고 있는 남북관계의 실타래를 어떻게 풀어갈지 궁금하다. 박 당선인은 우리 안보를 튼튼히 하면서 북한과의 신뢰가 쌓이고 북한의 비핵화가 진전되면 국제사회가 참여하는 대규모 경제협력 프로젝트를 추진한다는 게 대북정책의 기본 입장이다. 그는 로켓 발사와 관련해 "북한은 또다시 신뢰를 저버렸다. 그런 행동으로는 얻을 것이 없다는 것을 확실히 알려줘야 한다고 하지만 거기서 그치지 않겠다. 어떻게 하면 신뢰를 회복할 수 있는지 북한에 알려주고 약속을 지키면 얻을 수 있는 대가도 알려주겠다."고 말한다. 신뢰와 비핵화가 전제된다면 북한의 인프라 확충을 돕고 주요 국제금융기구 가입과 국제투자 유치를 지원하겠다는 '비전 코리아 프로젝트'로 남북 경제공동체를 건설하겠다는 것이다. 대북지원과 관련해서는 인도적 차원에서의 북한 주민을 위한 식량지원은 계속하겠지만 퍼주기는 안 된다는 게 그의 생각이다. 박 당선인은 진짜 평화와 가짜 평화는 구분할 것을 분명히 했다. 퍼주기를 통해 평화를 유지하는 것은 진정한 평화가 아니며 확고한 안보를 바탕으로 도발을 하면 대가를 치러야 하는 강력한 억지력과 신뢰를 통해 구축되는 평화가 진짜 평화라는 입장이다. **이명박 정부와 다른 대북정책과 전략이 나와야 하지만 보수정부의 기조와 크게 다르지 않아 정치외교적인 운신의 폭이 좁아 보인다. 정치쇄신도 시급한 과제다.** 정치쇄신에 대한 국민들의 열망은 예상외로 컸다. 박 당선인은 공약을 통해 밝힌 대로 정치인들의 기득권 내려놓기와 부정부패 해소 등 정치쇄신 작업을 차질 없이 서둘러야 할 것이다. 전 방위로 영향을 미치는 정치쇄신을 신속히 대대적으로 진행하는 것이 앞으로 5년의 희망을 걸 수 있을 것이다.

23. 구미 선진국이 본 박근혜 대통령 당선자

한국 국민들은 친미 정권의 연장과 독재자의 딸을 선택했다. 북한의 군사적 위협과 저성장, 확대되는 경제적 불평등과 같은 새로운 문제들을 안고 있는 한국 유권자들이 급격한 변화보다는 안정을 더 원했다. 이번 대선은 박 후보의 아버지인 박정희 정권 독재에 대한 논란과 보수와 진보의 대북 접근법, 경제적 불평등에 대한 처방을 놓고 첨예한 설전이 오간 선거였다. 낙선한 문재인 후보는 박정희 정권 때 반정부 투쟁으로 투옥되기도 한 인권 변호사 출신으로 대북 포용을 통해 북한을 억누르자는 2000년대 초의 진보 정책의 가치를 내세웠다.

박 후보의 당선은 최초의 여성 대통령이라는 의미를 갖고 있지만 여성의 가장 중요한 역할이 육아로 인식되는 사회 분위기에 중대한 변화를 가져오지는 못할 전망이다. **박 후보의 승리는 여전히 한국 사회에 드리워진 박정희 시대에의 향수에 편승했기 때문이다. 박근혜 후보의 선거는 그녀의 여성성보다는 박정희의 딸이라는 사실이 더**

크게 작용했다. 18년 간 철권통치를 한 박정희는 북한 공산주의자들을 이롭게 한다는 이유로 반체제 인사들을 투옥하고 고문했으며 심지어 록뮤직과 미니스커트까지 규제했다. 그러나 박정희는 전후 한국 경제를 부흥시키는데 중추 역할을 했다는 점에서 여론조사에서 전직 대통령 중 인기도 1위를 차지하고 있다. 박근혜 후보의 정치적 경력은 비극적인 가정사에서 비롯됐다. 1974년 어머니가 공산주의 간첩에 의해 피살됐을 때 그녀는 22세로 파리에서 유학 중이었다. 학업을 중단하고 돌아와 퍼스트레이디를 대행했고 5년 후에는 아버지마저 중앙정보부장에 의해 암살됐다. 이후 그녀는 공직에서 사라졌고 한국이 1980년대 후반 민주화를 이루면서 박정희는 많은 이들로부터 독재자라는 비난을 받았다. **그녀가 다시 돌아온 것은 아시아가 금융 위기에 처한 1998년이었다. 박정희의 카리스마와 리더십을 기억하던 유권자들은 그녀의 정당이 총선에서 압도적인 승리를 하도록 했고 이후 그녀는 원칙 있고 강단 있는 지도자의 이미지가 심어졌다.**

한국에서 여성은 한때 집에서 살림이나 하는 존재로 인식됐었지만 오늘날 대학과 일부 기업체에선 큰 비중을 차지하고 시집가면 직장을 그만두는 관행도 사라졌다. 그러나 **여전히 여성은 고위 공직자 중 3%의 비율에 그치고 대기업 이사회 임원도 보통 오너의 딸들로 이뤄지고 있다.** 전문가들은 문재인 후보의 민주당이 더 여성 친화적이라고 말한다. 비판가들에게 그녀는 근혜 공주로 통한다. 과거 대변인이었던 인사는 그녀가 우비를 입고 있을 때 직접 모자를 씌워주는 시중을 들어야 했고 햄버거를 먹을 때 포크와 나이프를 사용한다고 주장했다. 또한 비판가들은 그녀가 박정희 정권의 잔혹함에 대해 사과했지만 대선에 출마했기 때문에 마지못해 건성으로 한 것이라고 지적했다. **남과 북이 독재자의 자녀를 지도자로 맞았으니 이제 세계가 코리아를 어떻게 생각할지 궁금하다**[뉴욕=뉴시스, 노창현 특파원, 2012.12.20./뉴욕타임스 인터넷판].

박 후보가 대선 기간에 보수 이명박 대통령의 자유주의 정책에서 벗어난 실용 중도노선을 표방했으며 경제민주화도 공약으로 내걸었다. **박 당선인은 동남권 보수층과 노년층, 여성 표를 많이 얻었다. 양성평등이 약하고 가부장적인 문화가 매우 강한 한국에서 아이가 없는 독신인 박 후보가 첫 여성 대통령으로 당선된 것은 하나의 파라독스다.** 박 당선인을 비판하는 쪽에서는 얼음공주라는 별명을 언급하며 차갑고 오만하다는 주장을 펴지만 박 후보 지지자들은 그의 침착성과 지도력, 너무 앞서나가지 않는 투지 등을 높이 평가한다. 박 당선인은 아버지를 부인하지 않으면서도 부친의 독재적 유훈과는 거리를 두는 모습으로 유권자들에게 다가갔다. 결혼하지 않았으면서도 절제된 우아함을 지닌 박 당선인이 현대적 이미지를 보여주려고 노력했다. 박 당선인은 미국과의 동맹을 강화하되 북한과의 대화도 재개되기를 희망하고 있다. **박 당선인은 북한 문제와 관련해선 김정은 국방위원회 제1위원장과 대화할 가능성을 열어놓음으로써 유연한 태도를 보이고 있으며 지난 2002년 김정은의 부친인 고 김정일 전 국방위원장과 만난 적도 있다.** 박 당선인이 이제 이번 대선에서 둘로 분열된 한국인들을 통합시켜야 할 무거운 임무를 부여받았으며 박 후보의 당선에 미국과 중국, 일본도 안심하는 것 같다[TF1 TV/르 몽드 인터넷판/경제지 레제코 인터넷판/파리=연합뉴스 김홍태 특파원, 2012.12.20.].

박 당선인은 10대 때인 1961년 군사 쿠데타로 집권한 독재자이자 경제기적의 창시자인 박정희 전 대통령의 장녀로 전 국민이 지켜보는 가운데 자랐다. 박 당선인은 22세에 어머니 육영수 여사가 북한 공작원에 의해 피살되자 어머니를 대신해 영부인 역할을 했다. 5년 후에는 아버지마저 잃었으며, 정치에 입문해서 2006년에는 목숨을 잃을 수 있는 '면도칼 테러'를 극복하는 등 우여곡절을 겪었다[디 벨트/프랑크푸르트 알게마이네 차이퉁(FAZ)/베를린=연합뉴스, 박창욱 특파원, 2012.12.20].

한국이 재벌에 힘입어 경제적인 성공을 거뒀지만, 국민들은 경제성장의 과실이 제대로 분배되지 않는다고 생각하고 있다. 이런 기류 속에서 박 당선인은 경제민주화 공약을 내세워 유권자의 표심을 잡았다. 박 당선인은 오랜 기간 국회의원과 당대표를 맡은 경험이 대통령 당선의 강력한 자산이 됐다. 동아시아 주변 국가들은 박 당선인이 전쟁 억제에 역점을 둔 강경론자이며 독도 분쟁과 관련해서는 일본에 단호한 태도를 보일 것이라고 본다.

2012년 한국 경제성장률이 2.4%로 2008년 글로벌 경제 위기 이후 가장 낮은 상황에서 박근혜 당선인이 재벌의 이해에 맞는 경제정책을 편 이명박 정부와 차별화하는 공약을 내세워 호응을 얻었고 그런 박근혜 식 돌파력을 입증한 전투력을 과시했다. **박 당선인이 최초의 여성 대통령이 됐지만 한국 사회에서 여성의 지위를 변화시킬 능력과 의지가 있는지는 알 수 없다.** 그러나 급격한 변화에 흔들리지 않는 정책을 펴나갈 것은 거의 확실하며 새누리당이 국회 과반수 의석을 차지하고 있어 정책 수행의 짐을 덜어줄 것으로 보인다. 박 당선인은 일방적인 대북 강경주의자는 아니기 때문에 어느 정도 개선을 기대할 수 있을 것으로 보이지만 보수정신의 대북정책 기조로 볼 때 운신의 폭은 그다지 크지 않다[디 벨트/프랑크푸르트 알게마이네 차이퉁(FAZ)/베를린=연합뉴스, 박창욱 특파원, 2012.12.20].

24. 박근혜 대통령 당선인의 경제정책

박근혜 대통령 당선인의 경제정책은 거시 분야에서는 현 기조에서 큰 변화가 없겠지만 경제민주화와 성장의 조화를 모색하는 쪽에 초점이 맞춰질 것이다. 당장 걱정해야 할 것은 저성장의 늪이다. 세계 경기 부진으로 디플레이션 우려마저 나오는 한국경제를 정상궤도에 올려놓는 게 급선무다. 민생대통령을 자임한 만큼 서민들을 보듬는 정책은 지금보다 구체화할 전망이다.

일각에서는 경제민주화로 성장의 과실을 나누는 것도 좋지만, 유보금을 잔뜩 쌓아놓은 기업의 투자를 이끌어내 성장의 불씨를 살리고 양질의 일자리를 만드는 게 먼저라는 지적도 나온다. 거시경제정책은 별 변화가 없을 전망이다. 유로존 재정위기가 세계 경제의 상수가 된데다 미국의 '재정 절벽' 우려가 내년 상반기까지는 한국경제의 불안요인이기 때문이다. 위기의 장기화, 상시화가 우려되는 상황이다. 당장은 위기극복이 화두이고, 민생 안정이 최우선일 수밖에 없다.

물가는 안정된 상황이지만 지난달 취업자 증가 규모가 30만 명대로 축소된 만큼 일자리 사정을 걱정해야 한다. 특히 1천조 원을 바라보는 가계부채는 한국경제의 아킬레스건이다. 박 당선인은 '국민행복 10대 공약'의 첫머리에 그 해법을 제시했다. 18조원 규모의 '국민행복기금'을 만들겠다는 게 그것이다. 이를 통해 금융회사나 민간 자산관리회사가 보유한 가계의 연체채권을 사들여 채무를 장기간 나눠 갚을 수 있게 조정할 계획이다. 도덕적 해이 방지를 전제로 일반채무는 50%, 기초수급자 등 취약계층은 70%까지 채무를 감면해 준다[서울=연합뉴스, 정준영 기자, 2012.12.20.].

경제민주화의 주무부처인 공정거래위원회는 경제민주화 공약을 분석하고 정책을 마련하는 데 공을 들이고 있다. 신규 순환출자 금지, 징벌적 손해배상제 및 집단소송제 확대, 중간금융지주회사 도입 등이 모두 공정위 소관이다. 또 다른 공약인 전속 고발권 폐지는 적극적으로 제도 유지의 필요성이 강조될 것이다. 지식경제부도 경제민주화·창조경제 등 박 당선인의 공약을 효과적으로 수행할 정책을 개발하는 데 분주하다. 단순히 대형마트가 며칠 쉬는 문제에 매몰되기보다는 대기업과 골목상권의 교류, 기금 설립, 물류센터 지원 등 실질적이고 다양한 상생 방안을 만들고 있다. 이와 함께 미래창조과학부, 정보통신기술(ICT) 전담부처 설립과 관련해서도 기술과 산업 융합의 중요성을 강조하며 지경부의 역할론을 부각시킬 예정이다. 농림수산식품부는 공약인 식품안전 강국 구현 부분에 촉각을 곤두세우고 있다. 이는 농식품부·보건복지부·식약청 등으로 분산돼 있는 식품안전 관리 및 육성 업무를 한곳으로 통합하는 것을 골자로 한다[서울경제, 2012.12.20.].

25. 복지 재원의 확보 문제

박 당선인의 공약 실행에 들어갈 재원 규모는 **5년간 131조 4000억 원**으로 추산한다. 이 소요재원은 예산 절감과 세출 구조조정으로 71조원, 세제개편과 세정개혁을 통한 세입확충으로 48조원, 복지행정 개혁으로 10조 6000억 원, 공공부문 개혁으로 5조원 등 총 **134조여 원을 확보할 계획**이다. 새누리당은 우선 내년 복지공약을 실현하기 위해 연말 예산 심의를 통해 6조원을 확보할 계획이다. 지난 4월 총선과 18대 대선에서 약속한 1조 7000억 원 규모의 복지 공약을 예산안에 반영하기로 했다. 박 당선인은 저소득층 고용보험 · 국민연금 지원(1468억 원), 경로당 난방비 및 양곡비 지원(600억 원), 만 0~5세 양육수당 전 계층 지원(1779억 원), 만 0~2세 보육료 전 계층 지원(3500억~5000억 원) 등을 약속했다. 또 대학등록금 부담 경감 및 대출이자 인하(1831억 원), 병사 월급 인상(634억 원), 청 · 장년 · 노인 · 여성 맞춤형 일자리 사업(5000억 원)에도 예산을 투입할 방침이다. 중소기업 · 소상공인 지원과 서민 일자리 창출, 부동산경기 활성화 등에도 최대 4조 3000억 원 규모의 예산을 반영한다. 부동산경기 활성화를 위해 가장 먼저 고려하고 있는 부분이 취득세 50% 감면 시한 연장이다. 연말까지 시행 예정인 취득세 감면을 내년까지 1년간 늘려 시행하겠다는 것이다. 현재 취득세는 1주택자의 경우 9억 원 이하 1%, 9억~12억 원 2%, 12억 원 초과 3%로 감면된 세율이 적용되고 있다. 다주택인 경우엔 12억 원을 기준으로 그 이하면 2%, 초과면 3%를 내야 한다. 올해 말 시한이 끝나면 취득세율은 9억 원 이하 1주택의 경우 2%로, 나머지는 4%로 종전대로 환원된다. 새누리당이 6조 원을 확보했다고 하더라도 복지 공약 실행에는 추가 재원이 더 필요할 것으로 보인다. 서민들의 가계부채 부담을 덜어주기 위한 한국자산관리공사(캠코)의 자본금 증액 등에도 추가 재원이 필요하다. 이 때문에 복지공약 재원 조달을 위한 추경 편성 가능성도 조심스럽게 나온다.

이명박 정부는 지금까지 줄곧 '균형재정'을 강조해 왔지만 새 정부는 불균형 재정이 불가피할지 모른다. 경기 회복세 지연에 따른 새 정부의 적극적 대응도 고민해야 할 것이다. 정부 예산안은 이미 그 자체로 '적자'다. 내년 총지출을 올해(325조 4000억 원)보다 5.3%(17조 원) 늘어난 342조 4000억 원으로 잡았다. 수입은 그에 못 미쳐 4조 8000억 원 적자다. 국내총생산(GDP)의 0.3% 규모다. 정부안의 총지출을 건드리지 않고 여당안인 6조 원을 새롭게 편성하려면 적자 국채를 발행할 수밖에 없다. 이렇게 되면 산술적으로 내년 적자 폭은 10

조 8000억 원, GDP 대비 0.7%까지 치솟는다. **균형재정은 통상 GDP 대비 ±0.3%를 말한다.** 보수정당 출신인 박근혜 대통령 당선인의 대선공약 관련 6개 법안도 12월 임시국회에서 발의 또는 처리하기로 방침을 세웠다. 각종 법안이 실천되기 위해 지하경제를 통해 세수를 확보한다면 늘어나는 복지 재정 마련에 적잖은 도움이 될 것이다.

한국의 지하경제 규모는 2008년 기준으로 GDP(국내총생산)의 17.1%로 추산됐다. 1990년 28.7%에서 점진적으로 줄어드는 추세지만 금액으로 따지면 2008년 기준으로 250조에 달한다. **1000만 인구가 살아가는 서울시의 올해 예산 19조8900억 원의 12.4배에 달하는 돈이 지하경제에서 암약하고 있는 것이다**[조세연구원; 지하경제 규모 추정, 2011년]. 국가경제에서 지하경제가 차지하는 비중은 스페인(GDP 대비 20.5%), 이탈리아(23.2%), 그리스 (26.3%), 포르투갈(28.2%) 등 심각한 재정위기에 빠진 남유럽 국가들과 비슷한 수준이다. 이한구 새누리당 원내대표는 2012년 8월 국세청이 금융위원회 FIU에 보고된 고액현금거래 자료를 일반적인 국세 부과 징수 업무에도 활용할 수 있도록 하는 법안을 제출했다. 국세청은 FIU가 수집하는 정보를 국세청이 실시간으로 '공유'해야 한다며, 조만간 출범할 대통령직 인수위원회에 보고할 방침이다. 국세청은 FIU 정보를 공유하게 되면 지하경제 척결이라는 공익적 효과를 거둘 수 있을 것이라며 미국과 영국의 과세당국은 모든 FIU 정보에 직접 접근할 수 있다고 말했다. 이렇게 되면 지하자금 경제를 양성화해 상당한 세수를 올릴 수 있는 만큼 세율인상, 세목

신설 등 국민 부담을 덜 수 있다는 게 국세청 주장이다. 금융위원회는 크게 반발하고 있다. FIU 금융거래 정보를 다른 기관과 공유하게 되면 금융실명제의 비밀보장 원칙에 위배된다고 한다. 그렇다면 이것을 막으면서 지하경제를 축소하기 위해 금융실명제를 보완하는 방안도 전향적으로 검토할 필요가 있다. FIU가 혐의거래보고(STR) 및 고액현금거래보고(CTR) 자료를 국세청과 공유함으로써 과세인프라와 세정 효율성을 개선할 수 있다면 지하경제를 줄여 세수 확대에도 도움이 된다[머니투데이, 2012.12.22.]. 지하경제 양성화는 1992년 출범한 문민정부 이후 여러 정부에서 야심차게 시도했으나 번번이 좌초됐다. 박근혜 대통령 당선인도 복지재원과 재정건전성 확보를 위한 재원조달 방안의 하나로 지하경제 양성화를 들었다. 한국은 국내총생산(GDP)의 20%를 넘는 지하경제가 판치고 있다. 이 중 6%만 양성화해도 매년 1조6천억 원의 세금을 더 걷을 수 있는 것으로 추산한다. 고소득 자영업자와 대기업 탈루소득에 과세를 강화하면 연간 1조4천억 원을 추가로 확보할 수 있을 것으로 계산한다. 이 둘로 5년간 15조원의 재원을 마련한다는 것이 박 당선인 심복들의 복안인 것 같다 [서울=연합뉴스, 유경수 기자, 2012.12.23.].

지하경제란 국가의 공식적인 국내 총생산 측정 과정에서 보고되지 않거나 불법으로 이뤄지는 일체의 경제 행위를 일컫는다. 밀수, 매춘, 마약, 투기, 뇌물수수 등 범죄적 경제행위뿐 아니라 조세회피, 탈세 등 세무당국에 보고되지 않은 누락소득 등이 대표적인 지하경제 범

주에 들어간다. 지하경제에서 이뤄지는 탈세는 국가 세수 감소와 그에 따른 국민 부담 증가, 소득분배 악화, 사회적 감시 비용 증가, 근로의욕 저하, 사회 양극화 심화, 공직자 부패 등 사회 전반에 악영향을 미친다. 우리나라 지하경제 규모는 국내총생산(GDP)의 19.2~28.8%로 추산된다. 오스트리아 빈츠대 프리드리히 슈나이더 교수가 발표한 자료로는 우리나라 지하경제는 27.6%로 미국(7.9%), 일본(8.8%), 영국(10.3%), 프랑스(13.2%) 등에 비해 매우 높은 편이다. 우리나라 GDP가 1천552조원 규모이니 지하경제를 24%로만 잡아도 372조원에 달한다. 우리나라 지하경제 비중이 이처럼 큰 이유로 높은 현금 사용률, 소득 파악이 어려운 자영업자 비중이 높은 점, 고소득층의 낮은 납세의식, 부정부패, 사금융 발달 등이 꼽힌다. 한국 정부는 문민정부인 1990년대 초반부터 지하경제 양성화 차원에서 다양한 정책을 폈다. 금융실명제를 시작으로 신용카드사용 확대, 현금영수증 발급, 세금계산서 발급 등 정권이 바뀔 때마다 고강도 제도를 도입하고 보완했다.

그러나 역대 정부는 노력에도 불구하고 지하경제를 줄이지 못하고 벽에 부디 쳤다. 실물과 돈이 함께 수반되는 실물거래에 비해 자금대출, 주식투자 등 돈만 오가는 금융거래가 많이 늘어난 동안 과세인프라 체계가 여전히 실물거래에서 벗어나지 못했기 때문이다. 과세관청이 파악하는 실물거래는 연간 4천조 원 규모이지만 국내 금융시장의 결제규모는 6경3천200억 원으로 하루 평균 255조원이다. 실물거래 중심의 과세인프라 체계는 자료상, 현금거래 신고 누락 등 전통적·고질적 탈세와 갈수록 진화하는 신종·첨단 탈세에는 한계가 있어 금융거래 중심의 과세인프라 구축이 시급한 것으로 진단한다. 국세청의 금융정보분석원(FIU)의 금융 거래정보 접근은 범칙 조사와 범칙 혐의 확인을 위한 일반조사로 제한되고 있다. 선진국에서는 과세관청의 금융거래 접근이 확산하는 추세다. 미국, 영국, 호주, 아일랜드 등 국세청이 FIU 정보망에 직접 접근할 수 있고 독일, 스페인 등 17개국은 금융기관을 통해 정보를 수집할 수 있다. 호주는 FIU 자료를 근거로 2009년에만 약 3천100억원(한화)의 세금을 추징했다. 이 때문에 숨은 세원 양성화로 세수를 늘렸다는 평가를 받았다. 국세청 관계자는 FIU 정보에 좀 더 접근할 수 있어야 차명계좌, 차명주식 문제가 해결된다고 말한다. 박근혜 대통령 당선인의 지하경제 양성화 의지가 강하고 주변 정책브레인들도 금융 거래정보의 접근 강화 의욕이 크기 때문에 이 번 들어서는 새 정부에서만큼은 근원적으로 수술할 수 있을 것으로 기대한다.

다른 보완점은 국세청 세무조사 역량제고와 불성실 납세의무자에 대한 제재 강화이다. 최근 탈세유형을 보면 자본의 국제거래를 이용해 조세피난처를 중심으로 한 역외 탈세가 늘고 있다. 역외 탈세 조사 실적이 2008년 1천503억 원에서 지난해 9천637억 원으로 6배가량 증가한 점이 이를 방증한다. 차명계좌 등을 통한 부의 대물림은 더욱 교묘해지고 있다. 국세청이 파악한 차명재산 규모만 3만2천 건, 4조7

천억 원에 달한다. 가공의 거래로 현금을 빼돌리는 자료상 · 부정매입 세액공제 등 전통적인 탈세수법 역시 좀처럼 줄어들지 않는다. 그럼에도, 국세청의 세무조사 비율은 2010년 기준으로 법인 1.01%, 개인 0.1%로 각각 1.33%, 0.24%인 미국에 못 미친다. 세무조사 비율을 높이려면 국세청의 행정역량을 끌어올리는 것도 중요한 과제로 제기되고 있다. 미국 등 선진국은 이미 국세청 조직 확대와 활동 강화에 돈을 쏟아 붓기 시작했다. 미국은 국세청 인력과 예산을 800명, 2천700억 원 증액했고 영국 국세청도 올해 예산을 2천억 원 이상 확대했다. 경기침체에 따른 세수감소를 막고 숨은 세원을 찾으려는 조치다. 무기장거래, 조사 불응, 정보제출 거부 등에 대한 과태료와 가산세 등 세금탈루와 관련한 제재수위도 높여야 한다. 미국은 탈세를 목적으로 한 악의적 무기장에 75%의 중가산세를 매기지만 우리나라는 20%이다. 차명계좌 과징금 부과, 국외양도소득 과세 때 거주자 요건 완화, 납세자 입증책임제 등을 도입하고 시민탈세감시단 활성화, 포상금한도액과 지급률 인상, 리니언시 도입 등 사회공동체와 협력을 강구하면 징수실적을 크게 제고할 것으로 본다[서울=연합뉴스, 유경수 기자, 2012.12.23.].

새누리당이 고소득층과 대기업에 대해 각종 비과세·감면을 줄여 증세 왜곡을 바로 잡으려 하고 있다. 이런 방식은 결국 고소득층과 대기업의 세 부담을 늘리는 효과를 가져 오기 때문에 부자증세로도 볼 수 있지만 시장질서의 왜곡을 정상화시키는데 한 몫을 할 것이다. 국회 기획재정위원회는 지난 주말 조세소위원회에서 대기업(과세표준 1천억 원 초과)의 최저한세율을 현행 14%에서 16%로 2%포인트 높이기로 최종 확정했다. 최저한세율은 기업이 각종 감면혜택을 받더라도 최소한 내야 하는 세율을 의미한다. 세율 마지노선을 높여 연간 2천억~3천억 원의 법인세 증대 효과가 예상된다. 아울러 변호사와 의사 등 고소득 개인사업자에 적용되는 최저한세율도 현행 35%에서 50%로 높이는 방안이 검토되고 있다. 이와 함께 고소득 근로소득자의 비과세·감면 총량을 규제하는 이른바 '세(稅)감면 상한제'도 시행된다. 억대 연봉자들이 각종 비과세·감면 혜택으로 연말정산에서 많은 공제를 받는 것을 막으려는 조치이다. 금융소득종합과세 기준금액을 4천만 원에서 3천만 원으로 하향 조정하고, 주식양도차익 과세 대상을 확대한다. **금융소득종합과세는 이자소득과 배당소득을 합해 연 4천만 원이 넘으면 근로소득 등과 합산해 최고 38% 세율을 적용하는 제도다.** 과세 기준을 3천만 원으로 내리면 과세 대상 인원은 두 배로 늘어날 것으로 추정된다. 주식양도차익 과세 대상은 현행 '지분 3%·시가총액 100억 원 이상'(유가증권 기준) 대주주에서 '지분 2%·시가총액 50억 원 이상' 대주주로 확대된다[서울=연합뉴스, 이준서 기자, 2012.12.24.].

26. 2013년도 예산 342조원과 확대재정정책

국회는 2013년 1월 1일 오전 본회의를 열어 2013년도 예산안을 처리했다. 국회는 그간 예산안 처리 법정시한(12월2일)을 넘기는 '늑장 처리'를 되풀이해왔지만 이번처럼 해를 넘겨 예산안을 본회의에 상정·처리하기는 헌정사상 처음이다. **국회는 342조원(총지출 기준) 규모의 2013년도 예산안을 가결했다.** 내달 말 출범하는 '박근혜 정부'의 첫 살림살이이기도 한 예산안은 정부안에 비해 5천억 원 가량 줄어든 것이다. 이는 4조9천100억 원이 감액되는 대신 복지 및 사회간접자본(SOC) 예산 등을 중심으로 4조3천700억 원이 증액된데 따른 것이다. 각 분야 중 **국방 예산이 가장 크게 줄었다**. 주요 감액사업으로는 예비비 6천억 원과 공자기금 예수이자상환 7천852억 원 외에도 ▲차기 전투기(FX) 1천300억 원 ▲K-2 전차 597억 원 ▲장거리 공대지 유도탄 564억 원 ▲대형 공격헬기 500억 원 ▲현무2차 성능개량 300억 원 등 국방 예산이 대거 포함됐다. 하지만 **복지 분야 예**

산이 대폭 증액, 총지출의 30%에 육박하는 복지예산이 마련되면서 '복지예산 100조원 시대'를 열었다. 정부가 분류한 분야별 예산안을 살펴보면 복지 분야 예산은 2012년보다 4조8천억 원 늘어난 97조4천억 원이지만, 여기에 민간위탁 복지사업까지 합치면 사실상 복지예산은 103조원에 달한다. 여기에 대학등록금 부담완화, 사병월급 인상 등 복지확충에 방점을 둔 '박근혜 예산'을 넣으면 복지예산 규모는 더욱 커진다. 국회의 예산안 심사과정에서 **박근혜 예산은 2조4천억 원 증액됐다.** 박근혜 대통령 당선인의 복지공약 중 증액이 이뤄진 부분은 ▲0~5세 무상보육 ▲육아 서비스 개선 ▲맞벌이 부부의 일-가정 양립 ▲대학등록금 부담완화 ▲사병월급 인상 ▲중소기업취업 희망사다리 ▲저소득층 사회보험료 지원확대 등이다. 하지만 '박근혜 예산' 마련을 위해 검토해온 국채발행 계획은 백지화됐다.

국회는 예산 부수법안인 세제 개정안 18건도 일제히 처리했다. **통과된 법안에는 9억 원 이하 주택에 취득세율 2%를 적용하는 내용의 지방세특례제한법 개정안이 포함됐다. 지난해 9월 시행된 취득세율 1% 인하조치가 작년 12월31일로 종료됐지만, 별도로 감면조치를 연장하는 법안이 발의되지 않은 상황에서 종전의 2% 세율을 적용하는 법안이 통과된 것으로, 사실상 취득세율이 2배로 오르면서 부동산 시장에 적지 않은 충격이 예상된다.** 또한 금융소득종합과세 기준을 4천만 원에서 2천만 원을 인하하는 소득세법 개정안, 대기업의 최저한세율을 14%에서 16%로 인상하는 조세특례제한법 개정안, 탈세제보 포상금 한도를 1억 원에서 10억 원으로 인상하는 국세기본법 개정안 등도 함께 처리됐다. 이와 함께 국회는 택시를 대중교통으로 인정해 재정 지원하는 것을 골자로 한 대중교통 육성·이용 촉진법 개정안(택시법), 대형마트의 영업제한 시간을 밤 12시부터 오전 10시까지로 하고 의무휴업일을 '일요일을 포함한 공휴일 월 2회'로 규정한 유통산업발전법 개정안(대형마트규제법)도 처리했다[서울=연합뉴스 김범현 이준서 기자, 2013.1.1.].

정부는 2013년 세출 예산의 72%가량을 상반기에 배정해 경기 부양에 나선다. **2013년 상반기 예산배정률 71.6%(213조6천억 원)**는 금융위기 당시인 2009년(70.0%)보다 높고 최근 10년 중 최고치다. **2013년 예산(일반·특별회계) 298조4천57억 원은 1분기에 45.1%, 2분기에 26.5%, 3분기에 18.1%, 4분기에 10.3% 배정됐다.** 정부는 2013년 경기 흐름을 상저하고(上低下高)로 전망하고서 내놓은 대응책이다. 정부는 예산과 기금, 공공기관 등 재정의 상반기 집행목표 60%를 달성하고자 세출 예산의 72%를 상반기에 배정한 것이며 장기적인 세계 경제 불확실성으로 인한 경기둔화에 적극 대응하려고 재정 조기집행에 나선 것이다. 특히 국민체감도가 높은 사업의 효과가 조기에 나타나는 일자리, 서민·중산층 생활안정, 사회간접자본(SOC) 사업을 상반기에 집중 배정했다. **그러나 재정을 상반기에 대거 투입하고도 하반기의 경기 회복세가 지지부진하면 재정지출이 줄어들면서 경기부양 여력이 떨어지고 물가 상승만 부추기는 부작용을 낳을 우려가 있다.** 따라서 재정조기집행의 경기부양 효과가 나타나지 않고 계속 침체 현상이 이어질 경우를 대비해 한국은행은 인플레이션 진행 속도를 보아가며 시의적절한 금융정책을 펴야 할 것으로 보인다[세종=연합뉴스 박수윤 기자, 2013.1.3.].

27. 박근혜 대통령 당선자의 정치개혁

박근혜 대통령 당선자는 '공천시스템 개혁을 포함해 정치발전을 위한 일대 혁신 책을 만들고 반드시 실천 하겠다.'고 공약했다. 그는 지난 8월20일 새누리당 전당대회에서 공식 대선후보로 확정되면서 던진 메시지였다. 그는 국민대통합과 더불어 정치쇄신을 최대 기치로 내세우며 국민으로부터 '혐오증'을 불러일으킬 만큼 불신을 받아온 정치 전반을 개혁하겠다는 의지를 꾸준히 내비쳐왔다. 중앙선대위에 정치쇄신특별위원회를 만든 것도 그 일환이다. 위원장에 대검 중수부장 시절 '한나라당 차떼기 대선자금 수사'를 주도한 안대희 전 대법관을 임명하며 신뢰를 높였다.

정치쇄신의 특명을 맡은 안 위원장은 새누리당에 덧씌워진 '부패·비리 정당'이라는 이미지를 끊어내기 위해 국정 개혁, 정당, 국회 개혁 등에 있어서 굵직한 공약을 만들어냈다. 대선 과정에서 국민의 정치쇄신 열망을 확인한 박 당선인은 인수위에서부터 쇄신 공약을 실천하기 위한 강력한 드라이브를 걸 것으로 보인다.

박 당선인의 정치개혁안에 흐르는 전반의 기저는 바로 '권력 내려놓기'이다. 국정 개혁에 있어서도 '제왕적 대통령제'에 메스를 들이대는 것이 첫손가락에 꼽힌다. 국무총리에게 헌법상의 국무위원 제청권을 보장하고 장관에게도 부처와 산하기관장 인사권을 보장하는 방안을 제도화하기로 한 것이다. 제청권이나 인사권 행사는 지연 및 학연을 배제하고 소수자를 배려하기 위해 신설되는 기회균등위원회의 검토를 거쳐 할 수 있도록 했다.

또 이명박 대통령이 취임 때 강조했던 '탈 여의도 정치'와 차별화 차원에서 임기 중 매년 정기국회 정례연설을 하고, 여야 정당 및 의회 지도부와 격의 없는 정책간담회를 정례화 하는 등 대통령이 수시로 여의도를 찾겠다고 약속했다. 박 당선인이 당선 직후 새 정부가 출범하기까지 여야 지도자가 만나 대한민국의 새 틀을 짜기 위한 '국가지도자 연석회의'를 제안한 것도 이러한 일환으로 보인다.

역대 정부마다 악순환된 측근 또는 친인척 비리의 근절을 위해 특별감찰관제와 상설특검제를 신설하는 것도 정치쇄신 공약의 큰 줄기 가운데 하나다. 그동안 '일을 하지 않고 특권만 누린다'는 비판을 받아온 국회의원의 권한을 손질하는 게 쇄신의 골자다. 일단 국회의원의 불체포특권을 폐지하고, 면책특권을 엄격히 제한할 계획이다. '아니면 말고 식'의 의혹 제기로 인한 폐해나 비리 혐의가 있는 국회의원에 대한 국회의 체포동의가 번번이 부결되며 정치 불신을 일으킨 데 대한 해결방안이다. 국회 윤리위원회도 전원 외부인사로 구성, 국민 눈높이에서 감시 기능을 확대하기로 했다.

공천에 있어서도 박 당선인은 기초자치단체장과 기초의원의 정당 공천제를 없애 중앙당의 막강한 권한을 축소하겠다는 생각을 갖고 있다. 더불어 국회의원 공천도 여야가 동시에 국민참여경선을 실시하는 쪽으로 입법을 추진하겠다는 구상이다. 당내 대선 경선 과정에서 '공천헌금' 파문이 일면서 곤욕을 치렀던 박 당선인은 비례대표 공천 비리자에게 수수 금품의 30배를 과태료로 물게 하고, 비리전력자 공무담임권을 20년으로 제한해 사실상 정치판에서 퇴출하겠다는 엄벌 의지도 피력했다.

종합적인 정치쇄신안을 발표하면서 집권 시 국민 공감대가 형성되는 것을 전제로 4년 중임제와 기본권 강화를 골자로 한 개헌을 추진하겠다고 밝힌 것이다. 실제로 그의 정치개혁안을 보면 법제화가 필요한 부분도 있지만 대통령 권한 분산과 국회의원 특권 폐지 등 일부는 개헌을 통해 실천을 담보해야 하는 공약도 있다. 의석수에서 국회 과반인 강력한 집권여당의 '최대주주'로서 청와대에 입성하는 만큼 법제화를 통한 개혁안 추진은 그나마 수월할 수 있지만, 개헌 문제는 대통령의 의지만으로 되는 것이 아닌 만큼 어려움도 따를 전망이다.

특히 집권 초기에는 글로벌 경제위기로 인한 민생경제 문제나 최근의 북한발 외교·안보 위기 상황에 직면할 수 있어 개헌 문제를 쉽사리 추진하지 못할 것이라는 시각도 존재한다. 더구나 그간 선거 과정에서 개헌을 약속했던 대선 후보들 가운데 개헌을 추진했던 대통령이 한 명도 없었다는 점에서 원칙과 신뢰, 약속을 강조해 온 박 당선인이 전례를 깨뜨리고 개헌을 성공리에 추진할 수 있을지 주목된다[서울=연합뉴스, 박성민 기자, 2012.12.20.].

28. 박근혜 대통령 당선인의 사법개혁

박근혜 대통령 당선인의 사법개혁 정책은 우선 국민적 불신이 증폭된 검찰의 정치적 중립성·독립성을 확보하고 기소독점 등의 권한을 대폭 축소·제한하는데 초점이 맞춰져 있다. 박 당선인의 검찰 개혁안은 크게 ▲검찰 권한 축소·통제 ▲검찰 인사제도 개혁 ▲비리·부적격 검사 퇴출 ▲검·경 수사권 조정 등으로 구분할 수 있다. 검찰권 축소·통제를 위한 대표적 방안으로는 단연 대검찰청 중앙수사부 폐지를 들 수 있다. 박 당선인은 공약을 통해 "검찰의 정치적 중립성 논란이 끊이지 않았던 대검찰청 중앙수사부를 폐지하겠다. 서울중앙지검 등 일선 검찰청의 특별수사부서에서 그 기능을 대신하게 하겠다."고 밝힌 바 있다.

예외적으로 관할이 전국에 걸쳐 있거나 일선 지검에서 수사하기 어려운 사건은 고등검찰청에 태스크포스(T/F) 성격의 한시적인 수사팀을 만들어 수사하도록 한다는 것이 박 당선인의 생각이다. 박 당선인은 당초 중수부를 존치하는 대신 특별감찰관제와 상설특검을 연계하는 방안을 검토해왔다. 그러나 잇단 검사비리 사건과 검찰지휘부 내분 사태 등으로 검찰에 대한 강력한 개혁이 필요하다는 여론이 거세지자 대선 레이스 과정에서 중수부 폐지를 전격 선언하기에 이르렀다. 박 당선인은 중수부 폐지 후 고위공직자와 판·검사, 대통령 친인척 비리를 수사하기 위한 기구로는 상설특검을 설치하는 방안을 공약했다.

박 당선인 캠프에서 3대 위원장 중 한 자리를 맡은 안대희 정치쇄신특별위원회 위원장이 검찰을 비롯한 사법개혁의 키를 쥐고 있다는 관측도 나온다. 안 위원장은 대검 중수부장 출신으로 대선자금 수사를 통해 '국민검사'로 불렸던 인물이다. 중수부 폐지가 공약으로 표면화됐지만, 권력형 비리를 수사하는 검찰의 실질적 기능은 어떤 형태로든 존치될 가능성도 있다. 박 당선인은 또 검찰시민위원회를 강화해 주요 사건 피의자에 대한 구속영장 청구 등 인신구속 기준과 기소 여부를 시민의 시각에서 심의할 수 있도록 함으로써 그동안 기소독점권으로 인해 비판의 대상이 됐던 무소불위의 검찰권을 제어한다는 복안을 갖고 있다.

검찰의 독립성·중립성 확보 방안으로는 검찰총장 임명을 검찰청법에 따라 후보추천위원회가 추천한 인물로 임명하고 국회 청문회를 통과하지 못할 경우 임명하지 않는 방안을 제시했다. 현재 55명에 이르는 검사장급 이상 직급을 순차적으로 감축하는 등 검사의 직급을 법률 규정에 맞게 운영하고 검찰인사위원회에 실질적인 인사권한을 부여하는 방안도 추진키로 했다. 검사의 법무부 및 외부기관 파견을 제한하고 특히 법무부에는 특별한 사정이 없는 한 변호사 출신 또는 일반직 공무원이 근무하도록 할 계획이다.

최근 현직검사의 거액수뢰, 성추문 사건 등이 잇따라 발생한 것과 관련해 비리 검사에 대해서는 단호히 퇴출하겠다는 공약도 나왔다. 검사의 적격검사 기간을 현행 7년에서 4년으로 단축하고 감찰본부의 인력을 증원해 검사에 대한 감찰을 크게 강화한다는 방침이다. 박 당선인은 특히 비리로 퇴직한 검사는 일정기간 변호사 개업을 금지하도록 해 실질적인 처벌이 가능하도록 할 계획이다. 그동안 갈등이 끊이지 않았던 검·경 수사권 조정 문제도 박 당선인의 사법개혁 구상에 포함돼 있다. 박 당선인은 검찰의 직접수사 기능을 축소해 현장수사가 필요한 사건을 포함해 상당 부분에서 경찰의 자율적 수사 기능을 최대한 보장한다는 방침이다. 수사와 기소의 분리를 목표로 우선은 경찰 수사의 독립성을 인정하는 방식으로 수사권 배분을 추진해 나가겠다는 설명이다. 이와 관련, 박 당선인은 검·경 수사권 조정을 위해 관련 법령 개정에 나서겠다고 밝혔다.

현행 로스쿨 제도와 법관 임용방식, 법조일원화 플랜 등에 대해서는 향후 사법개혁 관련 기구 등의 의견을 반영해 구체적인 개혁 틀을 짤 것으로 알려졌다. 한편, 경찰에도 상당한 변화가 예상된다. 박 당선인은 경찰 2만 명을 증원해 우범자 관리나 학교폭력 전담, 112종합

상황실 등에 우선 배치하겠다고 약속했다. 성범죄나 학교폭력 등 민생 치안을 책임지는 경찰의 역할이 더 커질 것으로 보인다. 폭력범죄를 전담하는 경찰청 차장직을 신설하겠다고 한 것도 이 같은 맥락이다 [서울=연합뉴스 박대한 기자, 2012.12.20.].

29. 박근혜 대통령 당선인의 교육정책

박근혜 대통령 당선인의 교육정책은 현 정부의 정책을 대체로 계승하면서 교육복지 부문에 대한 지원을 늘리는 것으로 요약된다. 고교 무상교육과 대학 등록금 부담 완화, 초등학교에 온종일 돌봄 학교 운영, 초등학교 방과 후 학교 무상화 등이 대표적인 교육복지 공약이다. 입시정책은 대입제도를 단순화하고 선행학습을 제한, 사교육비와 학습 부담을 경감하는 방향으로 추진한다. 대부분 공약을 실현하려면 예산을 확보하는 것이 핵심 과제다. 교육정책 부처인 교육과학기술부는 박 당선인이 옛 과학기술부보다 기능이 확대되는 '미래창조과학부'를 신설하겠다고 공약한 만큼 조직 개편이 불가피할 전망이다[서울=연합뉴스 조채희 기자, 2012.12.20.].

고교 무상교육 대상을 단계적으로 확대해 2017년에는 완전 무상교육을 실현한다. 우리나라 고교 진학률이 99.7%로 사실상 모든 학생이 고교에 진학하고, 오래전부터 고교 무상교육을 하는 경제협력개발기구(OECD) 회원국 추세에도 따른 것이다. 2017년 고교 무상교육은 김대중 정부 때인 2004년 중학교 의무교육이 완성된 이래 공교육 역사에서 또 하나의 이정표가 된다. 구체적으로 2014년부터 매년 무상교육 수혜대상을 25%씩 늘려 2017년 100%를 완성하며, 교육기본법을 개정하고 관련예산을 반영한다. 다만 자율형 사립고와 외고, 과학고, 국제고 등 특수목적고도 무상교육 대상에 포함할지는 사회적 합의가 필요한 사항이어서 추후 검토한다는 단서를 달았다. 소요 예산이 가장 큰 문제다. 고교 무상교육을 하려면 수업료·입학금·학교운영지원비·교과서 대금을 지원해야 한다.

– 소득에 연계한 장학금을 지원해 대학등록금 부담을 절반으로 던다. 소득 하위 80%까지 '소득연계 맞춤형 국가장학금'을 지원한다. 소득구간에 따라 소득 2분위까지는 등록금 전액, 소득 3~4분위에는 75%, 소득 5~6분위에는 절반, 소득 7~8분위에는 25%를 지원한다. 이를 통해 2014년에는 대학등록금의 '실질적 반값'이 완성되도록 한다. 또 소득 9~10분위에도 취업후 상환하는 든든학자금(ICL)대출을 받을 자격을 준다. 학자금 대출 이자율 경감을 위해 현재 3.9%까지 낮춘 이자율을 2.9%까지 단계적으로 내린다. 든든학자금과 일반 상환학자금 이자율을 단계적으로 인하, 5년 내 물가상승률을 반영하면 실질적으로는 이자율이 제로(0)가 되도록 한다. 역시 국가장학금과 대출이자 경감을 위한 예산을 추가 확보하는 것이 숙제다.

- 2013학년도 기준 3천186개에 이르는 대입전형을 간소화하고 전형요소별 반영비율도 단순화한다. 대입 수시모집은 학교생활기록부나 논술위주, 정시는 수능위주로 대입제도를 단순화한다. 대학수학능력시험과 논술 시험은 교과서 중심으로 출제한다. 대학마다 서로 다른 지원서양식을 통일, 한번 원서를 작성하면 모든 대입 지원이 완결되는 한국형 공통원서시스템을 구축, 중복 지원에 따른 전형료부담과 불편을 해소한다. 공교육정상화촉진특별법을 만들어 각종 학교시험과 고교·대학입시에서 학교 교육과정을 넘어서는 문제 출제를 금지하고 위반하면 강력히 불이익을 준다.

- 중학교 과정에서 한 학기를 진로탐색의 기회를 제공하는 '자유학기제'를 도입한다. '자유학기' 때는 중간고사와 기말고사 등 필기시험을 치르지 않고, 토론·실습·체험 등 체험활동을 주로 하고 학생부에도 이런 활동내용을 기록한다. 진로상담교사도 추가로 임용해 배치한다. 학업성취도평가는 평가대상과 과목을 줄인다. 현재는 초등학교 6학년, 중학교 3학년, 고교 2학년을 대상으로 시행하지만 초등학생은 폐지하고, 중학교는 평가과목 수를 현행 국·영·수·사·과 5과목보다 축소한다.

- 초등학교는 맞벌이 부부나 한 부모 가정을 위해 초등학교의 방과후돌봄 기능을 대폭 강화한다. 희망하는 초등학생은 오후 5시까

지 책임지고 돌보고, 오후 10시까지 '온종일 돌봄 교실'도 운영한다. 온종일학교는 2014년 1·2학년, 2015년 3·4학년, 2016년 5·6학년으로 확대한다. 초등학교 방과 후 학교 프로그램은 사교육비 경감 차원에서 무료화 하는 방안도 추진한다.

- 교사 1인당 학생수와 학급당 학생수를 OECD 수준으로 낮춘다. 학급당 학생수는 매년 1~2명씩 감축해 2017년까지 OECD 상위 수준으로 끌어올린다. 수업지도 및 생활지도가 어려운 학교부터 우선 감축한다. 교무행정지원 인력을 별도로 확보해 교원 업무 부담을 덜고, 학기별로 주요 학교교육 통계를 조사하고 활용하는 시스템을 구축한다. 교원평가제도는 교원능력개발평가, 근무성적평가, 성과급평가 등 3가지로 나뉜 것을 교원평가로 일원화한다. 교장 교감 및 동료교원의 평가는 인사·승진에 활용하고, 학부모와 학생 만족도 평가는 성과급 지급과 능력개발에 활용하는 방안 검토한다.

- 대학에 대한 정부재정지원 규모를 국내총생산(GDP)대비 0.7%에서 OECD 평균 수준인 1%로 확대한다. 늘린 재정은 지역대학을 특성화하고 글로벌 경쟁력을 갖춘 대학을 육성하는데 투입한다. 지방대학은 적극 육성해 수도권 대학과의 격차를 좁힌다. 어린이보호지역(스쿨존)과 어린이식품안전보호구역(그린존)을 통합해 학교반경 200m이내를 학생안전지역(세이프존)으로 지정한다.

정보압축형 교과서 대신 스토리텔링형 교과서를 도입하고 태블릿PC나 스마트패드로 볼 수 있는 디지털 교과서를 중학교 일부 교과부터 우선 도입한다. 이밖에 모든 초등학교에 체육전담교사를 신규배치하고 모든 중고교에 스포츠강사를 배치하는 공약도 포함됐다[서울=연합뉴스 조채희 기자, 2012.12.20.].

30. 박근혜 당선인의 물가정책 및 농산물 수급안정과 개인서비스요금 정책

정부가 교과서 물가를 안정시키고자 가격 책정방식을 개선하고 정부 차원의 교과서 값 부담방안도 고려하기로 했다. 겨울방학 학원비를 잡기 위해 학원중점관리구역을 확대 운영하고 학원 등의 불법·편법 운영을 집중하여 단속한다. 사립유치원 납입금의 동결과 대학등록금의 동결·인하를 유도한다[서울=연합뉴스, 정준영 구정모 기자, 2012.12.28.].

교육물가 안정방안을 보면 2011년 36.6%, 올해 11.3% 급등한 교과서 값을 안정시키고자 2013~2015년 검정도서 예정가격 심의에 가이드라인을 적용하기로 했다. 가이드라인을 만들 때 교과서 가격조정권고의 기준을 마련하고 가격책정방식을 개선하는 등 근본적인 검토도 병행한다. 교과서비 부담방안도 고려하고 적정 교과서 가격을 위한 합리적 기준을 만들기로 했다. 박근혜 대통령 당선인이 대선 공약집에서 2014년부터 고교 무상교육을 단계적으로 해 수업료·입학금·학교운영지원비·교과서 대금을 무상 지원하겠다고 약속한 바 있어 교과서 값부터 국고 지원이 이뤄질지 주목된다.

가격자율제 교과서에 대한 가격 조정권고권도 적극 행사한다. 겨울방학을 맞아 기승을 부릴 것으로 예상하는 학원·교습소·개인과외교습자의 불법·편법 운영을 집중하여 단속한다. 학원중점관리구역에는 서울 강동, 광주 서부, 대전 서부, 경기 수원, 용인, 경남 창원 등 6곳을 추가한다. 과다·고액 교습비를 받는 학원은 국세청에 명단을 통보한다. 2013년 1월부터는 학원비 안정을 위해 불법운영 학원에 벌금 등 행정처분을 강화하고 개인과외 교습 장소를 학습자 주거지로 제한하는 등을 내용으로 학원 관계법령 개정을 추진한다. 신학기 학원비 안정을 위해 교육청별 '교습비 등 조정위원회'가 과다 징수 학원에 조정명령을 적극 내리기로 했다. 교과부와 교육청은 합동으로 '유치원비 안정화 점검단'을 운영하고 납입금을 변칙적으로 올린 사립유치원에는 운영비 지원을 끊는다. 특성화 활동비 등 특정항목의 원비를 지나치게 올리면 시도 교육감의 유치원비 승인권을 발동해 동결시키기로 했다. 사립유치원비 재무회계 규칙을 제정해 회계 투명성도 높인다. 교복의 합리적 구매와 소비구조를 개선하기 위해 정책연구를 내년 4월까지 마치고 유통·소비 구조, 교복착용 개선방안, 교복 물가 안정화 방안 등을 찾는다.

농산물 수급안정 계획을 보면 배추보다 김치의 수급을 종합적으로 관리한다. 배추 직접 수요에서 공장 김치, 절임 배추 등으로 바뀌는 추세를 고려한 조치다. 내년에 '김치 지수'를 개발해 공표하고, 절임 배추와 배추저장시설을 확충한다. 농산물 수급 안정을 구조적으로 뒷받침하기 위해 '수급관리위원회'를 꾸린다. 이 위원회엔 정부와 농협, aT(농수산물유통공사) 등이 참여해 수급상황 분석, 정책 방향에 대한 자문 등의 역할을 담당한다. 배추, 무, 고추, 마늘, 양파 등 주요 5개 품목에는 수급 안정 매뉴얼을 마련한다. 최근 폭설과 한파로 가격이 뛴 농산물의 수급 안정을 위한 대책도 마련한다. 겨울배추 비축물량을 설 성수기와 가격 급등기에 방출하고 농협의 계약재배 물량은 개학 시기에 푼다. 시설채소 농가가 면세유를 신청하면 실소요량 전량을 공급한다. 나아가 신재생·에너지절감시설에 재정을 지원해 난방비 문제를 구조적으로 해결하는 노력도 기울인다. 개인서비스요금 안정관리를 위해 '착한가격업소'를 활용한다. 6월 현재 7천132개를 착한가격업소로 지정한 결과 착한가격업소가 주변의 물가안정에 기여했다는 판단에서다. 우선 내년 상하반기에 전수 재심사를 두 차례 하고, 자치단체별로 추가 지정해 착한가격업소의 관리를 강화한다. 외식업엔 앞치마, 세탁업엔 세제를 지원하는 식으로 착한가격업소에 맞춤형 인센티브를 주는 방안도 추진한다[서울=연합뉴스, 정준영 구정모 기자, 2012.12.28.].

31. 박근혜 대통령 당선인의 국방 외교 정책

박근혜 대통령 당선인은 현재 21개월(육군 기준)인 병사 복무기간을 18개월로 단축하겠다고 공약했다. 이에 따라 단계적으로 추진하는 방안을 검토될지 모른다. 당장 21개월에서 18개월로 줄이면 병역자원이 모자라는 문제가 생기므로 단계적으로 추진할 것이다. 국방부는 복무기간을 18개월로 단축하면 2021년부터 2029년까지 6천~6만9천명의 병역자원이 부족하지만 21개월로 동결하면 1천~3만7천명이 부족할 것으로 판단해왔다. 24개월에서 1개월을 줄일 때마다 1만 명 정도가 부족하게 된다. 18개월이면 2025년에 6만1천명, 2029년에 6만9천명의 병역자원이 부족하고 21개월이면 2025년에 2만9천명, 2029년에 3만7천명이 부족하다고 한다. 병사 복무기간을 18개월로 줄였을 때 부족한 병역자원을 부사관 충원과 유급지원병 확대 등으로 보충할 계획이다. 이 밖에 박 당선자가 공약한 사병 월급 2배 인상과 관련해서도 예산 확보 방안 등을 연구 검토할 것이다. 사병 월급을 2배 인상하는 데 5천억 원 가량이 필요하다고 한다. 예산이 확보되어야 할 것이다[서울=연합뉴스, 김호준 기자, 2012.12.20.].

박근혜 당선인은 대북정책과 관련해 이명박 정부보다 유연한 접근을 시도할 것으로 보인다. 북한 김정은 국방위 제1위원장과도 만날 수 있다는 입장이다. 하지만 관계 개선을 위해선 천안함 폭침 사건 이후 취한 우리 정부의 대북 제재인 '5 · 24 조치' 해제 및 금강산 관광 재개 문제가 숙제로 남아 있다. 두 문제 모두 북한의 성의 있는 조치가 선행돼야 한다는 게 박 당선인 생각이다. 남북 경제협력 역시 무조건적인 퍼주기 방식을 지양해야 하고 있다. 신뢰가 쌓이고 북한 비핵화가 진전되면 국제사회까지 참여하는 대규모 경제협력 프로젝트를 추진한다는 것이다. 다만 북한 취약계층 지원, 이산가족 상봉 등 인도적 지원은 정치적 사안과 별개로 지속한다. 북핵 · 대북 정책의 통일성과 추진력을 강화하기 위해 청와대에 외교 · 안보 · 통일 정책을 총괄하는 국가안보실(가칭)을 설치하는 구상도 갖고 있는 것 같다. 이에 따라 남과 북이 먼저 신뢰를 쌓는 신뢰 프로세스를 전개한다는 구상인 것 같다. 기존 남북 합의를 존중한다는 입장을 밝히고 인도적 지원은 별도로 진행하며 이산가족상봉 행사도 추진하면서 신뢰를 쌓기 위한 노력을 전개한다는 것이다. 정치적 상황에 덜 구애받고 인도주의적 지원을 계속하겠다는 이런 정책들, 이런 것을 보면 이명박 정부와는 차별화된 정책들을 내놓고 있다. 신뢰프로세스가 긍정적으로 진행되면 대규모 대북지원이 이뤄지는 비전 코리아 프로젝트가 가동된다. 그러나 신뢰 구축이 이뤄지지 않을 경우에는 대규모 지원은 지연되고 남북관계는 경색국면에서 벗어나지 못하게 된다. 다시 도로 아미타불이 돼 이명박 정부와 달질 게 없는 상황으로 몰릴 수 있다. **특히 북한이 핵실험 등 도발적 조치를 감행할 경우 신뢰프로세스는 무기력해질 것이다. 따라서 박근혜 당선인의 대북정책은 현 정부의 대북정책에 비해 상당히 유연하다는 평가를 받고 있지만 북한의 대응에 따라 정책의 성패가 좌우될 소극적인 대북정책으로 종말을 맡을 수도 있다**[YTN, 2012.12.22.].

32. 박근혜 대통령 당선인의 대북정책

박근혜 대통령 당선인이 가까운 장래에 북한의 추가 도발에 직면할 것이다. 북한은 과거 한국에서 선거 후 16~18주일 내에 도발하는 경향을 보여 왔기 때문에 이번에도 추가 도발을 감행할 것으로 점쳐진다. 이 전망대로라면 북한은 내년 4, 5월에 도발할 수 있다. 북한은 항상 한국의 새 정권을 시험해 왔다. 따라서 북한이 단시일 내에 추가 도발에 나설 가능성이 있다[The Korean Times, 2012.12.22./빅터 차 미국 조지타운대 교수 겸 전략국제문제연구소(CSIS) 한국실장/스콧 스나이더 미국외교협회(CFR) 선임연구원]. 이런 추가 도발이 박근혜 당선인의 대북정책 방향을 결정할 것으로 보인다. 북한이 추가 도발할 경우 박 당선인은 미국 정부와 관계를 공고히 하면서 정책 협력을 확실히 하는 대응 할 것이다. 대북정책 기조는 한미공조에 기초한 대북 접근 방식으로 모아진다. 박 당선인은 한미동맹의 강력한 지지자이며 미국 정치권은 이런 그를 잘 알고 또 선호하고 있다.

그러나 지난 20년 동안 북한이 한국 대선 이후 도발을 했는지에 대해서는 다른 견해도 있다. 이명박 정부 출범 5개월만인 2008년 7월 금강산 관광객 피격사건이 발생, 남북관계가 경색됐으나 그 이전까지 북한은 핵 불능화 조치의 일환으로 영변 원자로 냉각탑을 폭파하는 등 대화에 적극적이었다. 노무현 정부 때는 출범 직전인 2002년 1월 정부성명을 통해 핵확산금지조약(NPT) 탈퇴를 선언했으나 이후 1년간은 별다른 도발을 하지 않았고 남북대화도 계속했다. 북한은 1998년 김대중 정부 출범 6개월 뒤 대포동 1호 미사일을 시험 발사 했고 김영삼 정부 출범 직후인 1993년 3월에는 NPT 탈퇴를 선언했다. 북한의 도발 형태나 시기가 일관성을 띠고 있다고 단정하기 어렵다. 박 당선인이 추가 도발이 없더라도 북한과 조건 없는 일방적 대화에 나서지는 않을 것으로 본다. 박 당선인은 2010년 천안함 폭침 사태 이후 중단된 남북대화를 재개할 뜻을 밝혀왔다. '박 당선인은 북한을 향해 손을 내밀고 대화를 추진하겠지만 신뢰구축, 비핵화 진전에 대한 북한의 태도를 감안한 상호주의를 지킬 것'으로 본다. 박 당선인이 대화를 추구하겠지만 무조건적인 대화는 없을 것이다.

북한이 올해 춘궁기 식량사정이 무척 어렵기 때문에 새 정부가 출범하면 세계식량계획(WFP) 등 국제기구와 함께 대북 식량지원에 나설 것으로 관측한다. 박근혜 대통령 당선인은 북한 주민의 인간다운 삶을 위한 대북지원을 투명성 있게 추진할 것이고 집권 기간(2013~2017년) 동안 개성공단 확대와 인프라 개발 등 경제협력을 통해 남북관계를 정상궤도에 올린다는 대북정책을 구상 중인 것으로 알려져 있다. **그러나 동북 아세아 정세로 볼 때 남북관계가 정상화될지는 매우 불확실해 보인다**[이데일리 김대웅 기자, 2012.12.28.]. **남북 간의 차가운 냉전구도는 여전히 풀리지 않는 체 2017년까지 계속될 것으로 전망된다.** 앞으로 북한체제가 붕괴되지 않는 이상 박근혜 집권 5년을 넘어 남북분단이 계속 이어지면 남북한 사람들 사이에 골은 더욱 깊어질 것으로 보인다. 이런 현상은 최근 조사에서도 잘 드러나고 있다. 탈북자를 제외한 내국인과 탈북자, 중국, 러시아, 일본, 미국에 거주하는 한인들을 대상으로 가치, 정서, 생활문화 등에 대한 설문조사 결과 각국 한인들의 분단 · 통일 의식에 커다란 시각차가 존재했으며 분단된 지 50여 년이 지났음에도 통일을 이루지 못하는 이유는 북한의 폐쇄성, 남과 북의 적대성이 주된 이유로 들었다. 잘 산다고 다른 사람들을 멸시하는 태도, 대북봉쇄정책 등을 들었다[서울=연합뉴스, 고미혜 기자, 2012.12.28./건국대 통일인문학연구단 설문 조사 결과].

33. 박근혜 대통령 당선인의 등용 인물들은?

박근혜 대통령 당선인은 스스로 초심을 갖고 일하겠다고 말했다. 저에 대한 찬반을 떠나 국민의 다양한 의견을 수렴해 나가겠다. 국정 운영에서 국민이 성원해준 마음을 늘 되새기겠다. 과거 반세기 동안 극한 분열과 갈등을 빚어 왔던 역사의 고리를 화해와 탕평책으로 끊도록 하겠다. 모든 지역, 성별, 세대의 사람을 골고루 등용해 대한민국의 숨은 능력을 최대한 올려 국민 한분 한분의 행복과 100% 대한민국을 만드는 것이 저의 꿈이자 소망이라고 말했다[문화일보, 2012.12.21.]. 박 당선인은 일단 자신의 심중을 잘 알고 있는 측근 및 실무자 등 복심(腹心)그룹과 오래 신뢰를 쌓아온 전문가그룹이 1차적으로 만들고 최측근 보좌진들이 가공한 각종 자료와 정보를 통해 바깥세상과의 소통 루트를 계속 터놓을 것으로 보인다. 다행이도 박 당선인은 귀가한 뒤에도 인터넷 검색을 통해 현안을 샅샅이 파악한다고 한다. 본인 기사에 대해선 인터넷 댓글까지 다 읽고 유행어 등 최신 트렌드는 따로 정리해드리지 않아도 알아서 공부한다고 한다. 인터넷

서핑을 통한 세상과의 접촉 통로를 이용해 가짜가 아닌 진짜 민심을 읽을 것을 기대해 본다. 정보의 취사선택과 최종적인 판단은 박 당선인의 몫이다[서울=연합뉴스, 김화영 기자, 2012.12.20.].

오래 동안 정치인으로 다져진 박근혜 대통령 당선인이 정부의 수반으로서 보여줄 리더십에 관심이 쏠리고 있다. 특히 제왕적 대통령제의 폐단을 인식하고 있는 그는 법정신의 테두리 안에서 권력을 적절히 분산한다는 생각인 것으로 알려져 용인술에 주목하고 있다. 실세총리는 박 당선인이 자신의 권한을 얼마나 총리와 나누느냐에 달려있다. 제왕적 대통령제의 폐단을 막기 위해 대통령의 인사권을 분산시키고 헌법에 보장된 총리의 국무위원 인사제청권 등 권한과 책임을 실질적으로 보장하는 쇄신안을 지켜 볼 것이다. 총리직을 어떤 형태로 운용할 지도 주목할 것이다. 2인자를 두지 않는 것으로 알려진 박 당선인이 총리에게 어느 정도의 권한을 허용하며 국정을 운영할 지는 지켜볼 대목이다. 대통령이 '인의 장막'에 둘러싸여 여론을 제대로 듣지 못하고 측근들에 의존하는 '비서정치'는 내각의 정상적 가동에 지장을 주는 것으로 그 동안의 경험이 보여주었다. 권한이 막강한 비서실장은 '왕(王)실장'으로 불리기도 했다. 박 당선인의 정치쇄신공약의 핵심은 총리와 장관에게 인사권를 보장하고 권한과 책임을 강화하는 내용이며 박 당선인은 비서정치를 안하고 내각 위주로 정부를 운용할 것이라고 한다. 그러나 선택된 비서 실장에따라 박 당선인이 비서실에 많은 힘을 실어주느냐, 아니면 순수하게 기능적으로

만 운용하느냐가 관건이라고 한다[서울=연합뉴스, 김화영 기자, 2012.12.24.].

그러나 비효율적인 정치판이 국가발전을 더디게 하고 한국은 또 다시 과도기적인 국가로 65년 이상 정체해야 할지 모른다. 제18대 대통령 후보들이 경쟁적으로 내놓았던 정치개혁이 대선 후 실종될 가능성이 높아 보인다. 논의 자체가 중단돼 버렸고, 예산안 심의 과정에서 지역 · 민원 사업을 부탁하는 쪽지가 난무하는 등 정치구태가 재연되고 있다. 이 번 선거에서도 정치인들은 의원연금 폐지, 국회 윤리특위 강화, 게리맨더링(정치적 목적에 의한 선거구 조정) 방지, 국회의원 겸직 제한, 여야 동시 국민 참여 경선(오픈 프라이머리) 도입과 공천 금품 수수자 30배 과태료 부과, 중앙당 권한 축소와 권역별 정당명부식 비례대표제, 국회의원 정수 축소 등 정치개혁 메뉴를 많이 늘어 내놓았다. 그러나 대선이 끝나고 올해 마지막 국회가 사실상 끝나가고 있지만 정치개혁안은 논의 되지 않고 있다. 대선 과정에서 정치개혁을 앞장서 주장했던 인사들도 줄줄이 퇴장했다. 문재인 후보와 안철수 전 교수가 합의했던 새 정치 공동선언도 관심권에서 사라졌다. 안대희 전 정치쇄신특별위원장, 선대위 새정치위원장으로 영입했던 안경환 서울대 교수도 선대위 해체와 함께 자취를 감추고 있다. 이들이 떠나면서 정치쇄신 논의도 사실상 올 스톱된 것이다. 대선 이후 여야가 국회에서 보여주고 있는 행태는 오히려 정치개혁에 역행한다는 비판이 적잖게 일고 있다. 앞으로 박근혜 당선인이 정치쇄신 방안을 인수위에서부터 강도 높게 준비하지 않으면 그의 집권 기간 5

년 내내 실행이 옮겨지지도 않는 체 이런저런 핑계로 낮잠만 잘지 모른다. 세월은 또 그렇게 기약 없이 국민을 속이고 흘러갈지 모른다. **비효율적인 정치판이 국가발전을 더디게 하며 선진국 문턱에서 맴돌게 하며 한국은 65년 이상의 과도기적인 국가로 정체해야 할지 모른다**[조선, 2012.12.28.].

34. 중국의 개혁과 박근혜 새 정부

21세기 전 세계가 자본주의 세상으로 탈바꿈되었고 민주화 세계화 과정을 밟아가고 있는 가운데 장첸판(左), 장핑(右)중국 지식인들이 개혁의 선봉에 나섰다. 시진핑(習近平) 공산당 총서기 취임 이후 개혁을 촉구하는 제도권 지식인들의 대(對)정부 공개서한이 잇따르고 있다. 당국의 단속을 피해 지하에서 민주화를 요구하던 과거와는 전혀 딴판이다. 중국의 현실은 그 만큼 경제발전과 나라발전을 가로막는 뿌리 깊은 병폐들을 많이 간직하고 있다는 증거이다[중앙일보, 2012. 12.28.].

장첸판(張千帆) 베이징(北京)대 법학과 교수는 26일 새벽 자신의 웨이보(微博 · 중국판 트위터)에 '개혁 컨센서스 제안서'(改革公識倡議書)라는 제목의 공개서한을 올렸다. 시 총서기 취임 이후 세 번째 공개서한이다. 이 서한은 이날 오후 곧바로 당국에 의해 삭제됐다. 제안서는 장 교수 외에도 중국 법학의 태두로 일컬어지는 장핑(江平)

전 법정대 총장, 유명 작가인 장이허 등 저명 지식인 71명이 서명했다. 제안서는 ▶헌법에 근거한 통치 ▶민주선거 실시 ▶자유 존중 ▶시장경제 심화 ▶사법 독립 실현 ▶헌법 효력 보장 등 6개 항목으로 나눠 정부에 개혁을 촉구했다. 여기에는 ▶헌법에 당정분리를 규정하고 ▶당장(당헌)에 근거한 당내 민주화를 실시하며 ▶현(縣)과 향(鄕)급 당 대표를 직선으로 선출하고 ▶인터넷 감시를 없애는 내용이 포함돼 있다. 또 ▶지방정부 권력을 제한하고 ▶민영기업의 지위를 보장하며 ▶법관의 독립적인 판단을 보장해야 한다는 주장도 있다.

서명자들은 18차 당 대회가 끝난 직후인 지난달 16일 베이징에서 개혁 컨센서스 포럼을 개최해 이 같은 내용을 확정했다. 이는 2008년 대대적인 민주인사 탄압으로 이어졌던 '08헌장'(零八憲章)보다 훨씬 완화된 것이다. 지식인 303명이 서명한 '08헌장'은 ▶연방공화국 건설 ▶국가 영도자에 대한 1인 1표 직접선거제도 도입 ▶당이 아닌 국가의 군대화 ▶삼권분립 등 급진적 내용을 담고 있었다. 제안서는 특히 "경제발전을 따라가지 못하고 있는 정치 분야 개혁을 더 이상 미루면 중국은 다시 평화로운 개혁의 기회를 놓치고 이는 폭력혁명 등 사회 혼란을 야기할 것"이라고 경고했다. 이에 앞서 후싱더우(胡星斗) 베이징 이공대 교수와 인권변호사 후자(胡佳) 등 지식인 65명도 이달 중순 '공민건의서(公民建議書)'라는 제목의 공개서한을 통해 지난달 당 대회에서 새롭게 중앙위원에 선출된 205명의 재산공개를 요구하고 이를 촉구하는 서명운동에 들어갔다. 이들은 중국 전역에서

휴대전화 문자, e-메일 등을 통해 서명을 받을 예정이며 서명자 명단과 건의서 내용을 내년 3월 열리는 전인대(全人大 · 국회 격)에 제출하기로 했다. 또 저명한 극작가인 샤예신(沙葉新) 등 지식인 300여 명도 이달 초 대정부 공개서한을 내고 2010년 노벨 평화상 수상자인 류샤오보(劉曉波) 석방을 촉구했다. 류는 '08헌장' 작성을 주도한 혐의로 체포돼 징역 11년형을 선고받고 복역 중이다.

중국은 땅덩어리가 거대한 국가이며 GDP규모도 세계 2위 순위를 달리고 있고 아직도 공산주의 체제를 유지하고 있는 국가이다. **중국은 체제 속성을 이용해 정부주도로 지난 20년 동안 한국보다 더 높은 고도성장을 구가했다. 마치 한국이 지난 군부집권(박정희-전두환-노태우 대통령)시절 정부주도의 성장제일주의 추구로 고성장을 구가했지만 국민들이 성장의 결실을 따 먹지 못했듯이 중국도 그런 상황에 부딪쳤고 이제 그의 결실을 찾아 먹기 위해 사회개혁 전반을 요구하고 있다.** 2013년이 시작되면 중국이 단행하고 있는 개혁이 한국의 박근혜 새 정부와 한국 국민들에게 어떤 형태로든 영향을 미칠 것이다.

35. 세계경제와 한국경제의 중장기 전망

미국 발 금융위기가 발생한 지 5년째를 맞지만 세계경제는 여전히 불안과 위기감이 압도하고 있다. 유로화 체제의 구조적인 문제가 불거지고, 중국, 인도 등 고성장국가들도 고전을 면치 못하면서 불안감을 증폭시키고 있다. **전문가들은 향후 10년간 세계경제가 저성장 국면에 들어설 것으로 전망한다. 세계경제 성장률은 올해 평균 3.2%를 기록한 뒤 계속 추락해 2019~2025년에는 연평균 2.5% 성장에 그칠 것으로 내다봤다. 한국 경제 전망은 더 어둡다. 한국은 2013~2018년에 연평균 2.4% 성장한 뒤, 2019~2025년에는 연평균 1.2% 성장해 거의 제자리걸음을 할 것으로 예측했다.** 사실 21세기 첫 10년은 인류 역사상 가장 성장이 빠른 시기에 속한다. 리먼 사태 이전인 2000~2007년의 세계경제 성장률은 연 4.2%에 달했고, 물가상승률은 연 3.9%로 안정됐다. 저성장과 높은 물가상승률로 점철된 1970년대나 외환위기가 남반구를 휩쓸던 1980년대와는 달리 물가가 안정된 가운데 성장률은 상대적으로 높았다. 1990년대도 나쁜 편은 아니었지만, 1990년대 말에 금융위기가 한국을 비롯한 동아시아 여러 국가를 덮쳐 2000년대의 고성장에 비할 바가 아니었다.

연평균 세계경제 성장률은 1970년대 4.1%, 80년대 3.2%, 90년대 3.1%였는데 2003~2007년 중에는 4.8%에 달했다. 호황의 요인은 공급과 수요의 양 요인에서 찾아 볼 수 있다. **공급 측면에서는 세계화의 진전과 중국, 인도 등 인구 대국의 시장경제 편입이 주원인이었다.** 세계화는 생산시설의 재배치, 아웃소싱 확대, 자본 이동 자유화를 통해 생산의 효율화로 이어졌다. 또한 인구 대국의 시장경제 편입으로 전 세계 생산가능 인구(15~64세 인구)가 14억6000만 명에서 29억3000만 명으로 배가(倍加)됐다. 중국이 세계의 공장으로 등장하면서 공산품 가격이 호황 속에서도 안정세를 유지할 수 있었다. **수요 측면에서는 선진국의 부채 확대가 성장을 견인했다.** 2001년 9·11 사태 이후 장기간 지속된 전 세계적인 저(低)금리와 유로화 출범 이후 시작된 남유럽 국가의 차입(借入) 확대는 부동산, 주식 등 자산 가격 상승과 소비 증가로 이어졌다. 2000년 말 국내총생산(GDP)의 220% 수준이던 미국의 총부채는 2008년 말에는 296%로 늘었고, 영국은 310%에서 487%로, 스페인은 192%에서 337%로 각각 증가했다. 하지만 이 같은 생산 증대 효과는 점차 사라지고 있다. **글로벌 금융위기 이후 세계적으로 디레버리지(deleverage·부채 감축)가 지속되고 있다.** 선진국에선 가계 부문의 디레버리지가 이미 진행 중이고, 정부가 막대한 구제 금융으로 은행 시스템을 살린 여파로 정부 부문의 부채도 위험 수위에 다다랐다.

선진국의 수요 감소가 장기화되면서 신흥국들의 성장률도 점차 낮아지고, 이 과정에서 잠재된 불안 요인이 고개를 들고 있다. 인도와 브라질은 인프라, 규제, 치안 등의 측면에서 불안을 노출하고 있다. 낮은 물가상승률을 가능케 했던 노동 공급도 종전과는 딴 판으로 변하고 있다. 중국의 연평균 임금 상승률은 15% 내외로 치솟고 있는 것이다. 고성장을 가능하게 했던 요인들이 약화되고 있는 셈이다. **브라질 · 러시아 · 인도 · 중국 등의 대국의 과거와 같은 고속 성장은 더 이상 기대하기 어려울 것 같다**[조선닷컴, 2012.11.19./미국의 경제연구소인 콘퍼런스보드]. 따라서 최근의 저성장은 과거의 이례적이고 비정상적인 상태에서 정상적인 상태로 복귀하는 과정으로 보아야 한다. 향후 5년 동안 세계경제의 성장률은 2000년대 중반보다는 낮아지지만, 1980~1990년대 평균인 3% 수준의 성장은 지속할 것으로 예상한다.

한국경제는 외환위기를 겪는 과정에서 성장률이 1990년대 6%대에서 2000년대 4%대로 크게 떨어졌다. 문제는 앞으로 성장세가 다시 한 단계 하락할 가능성이 크다는 점이다. 가장 큰 요인은 장기적 성장을 결정짓는 인구구조의 변화에서 찾을 수 있다. 우리나라의 생산가능인구는 2016년을 정점으로 점차 줄어들 전망이다. 노인 인구 1인당 생산가능인구도 2012년 6.5명에서 2020년에는 4.5명, 2030년에는 2.6명으로 낮아질 것으로 예상된다. 인구 고령화와 생산가능인구의 감소는 우리 경제의 잠재성장률 하락으로 이어질 것이다. 또 투자율의 추세적 하락을 감안할 때 자본의 추가적인 투입을 통한 성장률 제고도 어려워지고 있고 지식의 축적과 혁신을 통한 생산성 증가도 여의치 않다. 따라서 **한국경제는 더 이상 주변의 어두운 여건으로 인해 고성장 시대를 마감해야 할 것 같다.** 더구나 세계경제 위축으로 성장 동력 역할을 해온 수출에 적신호가 켜졌고, 안으로는 과도한 가계부채 문제가 큰 부담으로 작용하고 있다. 만약 미국이나 일본처럼 자산 가격 하락이 진행되면 소비가 더 얼어붙을 가능성이 크다. 한국의 가계부채가 향후 5년간 25% 줄어들 경우 민간 소비가 연평균 1.4%포인트 감소할 것으로 추정된다.

자영업의 부진은 가계부채 문제를 더 악화시킬 것이다. **자영업자는 주택담보대출을 이용해서 창업하는 경우가 많아 소득 대비 원리금 상환부담이 26.6%에 달한다. 임금근로자의 두 배 수준이다. 그간 우리나라는 수출 중심으로 성장했으며, 내수는 동력을 상실했다.** 글로벌 금융위기가 시작된 2008년 이후 민간소비 증가율은 GDP 성장률보다 1%포인트 이상 낮은 수준에 머물러왔다. 이런 상황에서 유로존 재정위기가 장기화하거나 미국, 중국의 성장률이 급락하며 가계부채와 자영업 문제까지도 불거지면 우리 경제는 세계경제 성장률에도 크게 못 미치는 침체 국면에 빠질 가능성이 크다[신민영 LG 경제연구원 수석 연구위원].

36. 중국과 아세안 경제성장 전망

중국 최고 지도자 시진핑의 임기는 2022년까지 10년 중, 집권 1기인 2013~2017년 동안 평균 8.3%의 경제 성장을 기록할 것으로 내다봤다. 집권 1기 5년간 예상되는 중국의 8.3%의 성장률은 2008년 글로벌 금융위기 이전인 2000~2007년 기간 중 평균 10.5%의 성장률에 비하면 한 자릿수로 성장이 크게 둔화한다. 인도 역시 같은 기간 경제 성장률이 평균 6.5%를 기록할 것으로 예상돼 2000~2007년의 평균 7.1%보다는 성장세가 완만해질 것으로 전망한다. 아세안(ASEAN, 동남아시아국가연합) 10개국의 경제 성장률은 같은 기간 평균 5.5%에 달할 것으로 예측한다. 라오스(7.3%), 캄보디아(6.9%), 인도네시아(6.4%), 미얀마(6.3%), 베트남(5.6%) 등 국가들의 경제 성장률은 아세안 평균치를 웃돌 것으로 전망됐다. 반면 브루나이는 2.4%, 싱가포르 3.1%, 태국 5.1%, 말레이시아 5.1%, 필리핀 5.5%의 경제 성장을 나타낼 것으로 본다. **2017년에 아세안, 중국, 인도의 경제 성장이 느려지기 시작하지만 아세안 국가들의 경제는 비교적 빠르게 회**

복하며 내수 증가, 특히 개인 소비 및 투자가 아세안의 경제 성장에 주요 동력이 될 것으로 보인다. 중산층 확대는 내수 증가로 이어져 무역에 대한 경제 의존도를 낮추는 효과를 낼 것이다[머니투데이 최은혜 기자, 2012.11.19./경제협력개발기구(OECD)/영국 가디언지의 데이터블로그].

37. 이명박 보수정부의 경제실적

이명박 정부의 연평균 실질 국내총생산(GDP)성장률은 지난 정부와 비교했을 때 가장 낮다. 2008년 글로벌 금융위기와 유럽 재정위기, 중동 정세불안에 따른 고유가 등 대외여건의 악화가 큰 영향을 미쳤다. **2008~2011년 연평균 성장률은 3.1%로 김영삼 정부 7.4%, 김대중 정부 4.8%, 노무현 정부 4.3%에 비해 상대적으로 낮다.** 2008년 상반기 고유가와 하반기 미국 리먼브러더스 사태 등 글로벌 금융위기가 본격화된 탓이다. 그러나 2008~2011년 전 세계적으로 성장률이 둔화되는 가운데 세계 평균 2.9%보다 높은 등 대외위기를 무난히 넘겼다는 평가다. 특히 미국(0.2%), 유로존(-0,2%), 일본(-0.7%) 등 주요 선진국에 비해 상대적으로 선전했다. 1인당 국민소득(GNI)는 2007년 2만 달러를 상회했지만 2008년~2009년 급락했다. 경제성장률이 둔회된 가운데 국제금융시장 불안으로 환율급등도 영향을 미쳤다. 2010년 빠르게 회복하며 지난해에는 2만2489달러까지 기록했다. 종합주가지수(KOSPI)는 MB정부동안 1709 (2008.2.25)에서

1854(2012.6.29)로 145p오르며 8.5% 증가율을 보였다. 정권 초기 글로벌 금융위기 여파로 주가지수가 40.7% 하락하는 등위기가 있었지만 다른 주요국가와 비교해 상대적으로 양호했단 평가다. 소비자물가 상승률의 경우 1990년대 김영삼 정부 이후 두 번째로 높은 상승률을 보였지만 서민들의 체감물가를 설명하는 생활물가 상승률은 가장 낮은 수준이었다. 식료품, 비주류음료, 가정용품 및 가사서비스 등의 물가 상승률은 높았던 반면 보건, 교통, 교육 관련 물가상승률은 낮았다.

가계부채는 1999년부터 지난해까지 연평균 12.9% 증가해 2012년 6월 말 기준, 922조원에 달한다. 주택대출규제 강화, 가계부채 연착륙 대책발표 등으로 증가세는 둔화되고 있지만 올 2분기에도 전기 대비 10조9000억 원이나 증가하며 우려를 낳고 있다. 국가채무 역시 증가추세다. 2007년 299조2000억원이던 국가채무는 2012년 예산기준 445조 9000억원으로 늘었고, GDP대비로도 30.7%에서 33.3%까지 증가했다. 글로벌 금융위기 극복을 위한 적극적인 재정정책으로 확대된 재정수지 적자가 원인이 됐다.

지난해에는 세계에서 9번째로 연간 무역액 1조 달러를 달성했다. 2008년에는 무역수지가 김영삼 정부 이후 처음으로 적자를 기록했지만, 2010년 전년대비 30% 증가하면서 경제위기 극복에 크게 기여했다. 경상수지도 이전 정부보다 흑자폭이 확대됐다. 고용지표도 대체적으로 양호한 추세를 보였다. 이명박 정부 기간 동안 고용률은 평균

59%로, 외환위기 이전 수준을 회복했다. 실업률은 연평균 3.2%로 나타나, 경제협력개발기구(OECD) 평균보다 상당히 낮은 수준을 유지하고 있다. 복지예산규모는 꾸준히 증가하고 있다. 2007년 61조4000억 원이던 복지지출은 2012년 92조6000억 원으로 크게 뛰었고, 총 지출 대비 복지지출도 같은 기간 동안 25.9%에서 28.5%로 늘었다. 2012년 복지지출규모 및 비중은 역대 최고 수준이다.

앞으로 한국경제는 불확실한 잠재성장률과 가계부채 증가, 복지지출 급증 등에 적절하게 대응할 수 있는 정책이 필요하다. **우리나라 잠재성장률은 금융위기 이전에 이미 4%대 초반으로 낮아진 상태다. 대외여건 악화가 지속되는 상황에서 중장기 성장률 전망은 더욱 악화될 가능성이 높다.** 이런 상황에서 정부는 거시경제적인 안정성을 추구하고 현재 제조업 중심의 교역재 부분이 지나치게 특화된 산업구조 전반을 개선해 상대적으로 낙후된 서비스산업의 경쟁력을 향상시켜야 한다[머니투데이 배소진 기자, 2012.11.19./경제 · 인문사회연구회; 경제사회 지표변화로 본 대한민국].

38. 한국, 일본, 독일, 중국의 경제기적

제2차 세계대전 이후 1940년대~60년대 일본과 독일은 패전국이지만 비극적인 전쟁의 참화를 딛고 급속한 경제성장을 달성하였다. 한국도 해방 후 정치적 혼란과 1950년 5월에 벌어진 3년의 전쟁 참화를 딛고 1960년대부터 고속 성장을 경험하였다. 그러나 세 나라의 고도성장 과정은 시기와 방법 및 성장경로가 상당히 다르게 걸었다.

일본, 독일, 한국이 경험한 고도 경제성장 과정은 솔로의 성장모형으로 설명할 수 있다. 일본과 독일은 세계대전의 참화로 인해 생산기반시설과 사회간접자본이 대량으로 파괴되면서 전쟁 종결 직후 자본스톡은 최적 자본스톡수준에서 크게 미달된 매우 낮은 상태로 전락했다. 양국은 매우 낮은 자본축적 상태에서 출발함으로서 왕성한 저축과 투자를 통한 자본스톡을 지속적으로 늘려가며 생산을 급속히 증대시킬 수 있었다. 이 시기의 지속적인 고도성장은 안정상태의 장기균형에 도달할 때까지 계속되었다. 이는 전쟁이 빚은 자본시설의 파괴로 인해 생산량이 급속히 감소된 상태였기 때문에 평균보다 높은 저축과 투자를 통해 고도성장을 유지할 수 있었다.

독일의 경우, 고도성장을 장기간 지속한 독일의 경제기적Wirtschaftswunder은 독일경제가 기대 이상으로 빠르게 지속적으로 성장한 발전시기를 말한다. 이 시기는 제2차 대전 후 화폐개혁 때인 1948년부터 1957/78년까지의 기간이다. 경제기적을 마감한 1957/78년 독일경제는 경기변동이 끝나고 세계경제로의 편입이 종결되면서 독일 마르크의 교환성 회복이 완결되고 유럽연합을 창설한 시기이다. 한편 1966/67년 독일경제는 전후 처음으로 경기침체에 빠져든다.

그렇다면 독일은 어떻게 경제기적을 만들어낼 수 있었을까? 1945년 종전 직후의 독일경제는 매우 어려운 상황에도 불구하고 생산능력의 80~85%는 파괴되지 않고 남아 있었다는 점이다. 따라서 전후 생산능력은 가능한 빠른 시간 내에 최종 평화시기인 1938년 수준을 뛰어 넘어 회복할 수 있었다. 도로와 철로는 교통 요충지와 파괴된 교량을 제외하면 비교적 온전하게 남아 있어 재건이 급속히 이루어졌다. 파괴된 교량이 복구되면서 선박 행해도 순조롭게 뚫렸다. 먼저 1948년 화폐개혁을 서둘러 금융안정을 되찾으면서 파괴된 도시의 복구사업이 빠르게 진행되면서 급속히 발전할 수 있었다. 전승국의 점령정책은 초기에는 독일의 경제회복을 목표하지 않아 일반인 수송

교통도 1948년까지 제한됐었다. 그러나 냉전이 고조되면서 서방진영은 서독경제의 복구를 돕기 시작하였다. 소련도 동독경제를 지원하기 시작하였다. 전후 제국마르크 Reichsmark는 가치 절하한 뒤 독일 마르크화가 도입되었다. 화폐개혁과 함께 시행한 마샬 플랜 Marshallplan은 독일경제의 건전성과 경제회복을 본격적인 궤도에 놀려놓은 계기가 되었다(European Recovery Program). 1940년대 말 시작한 서독의 경제부흥은 1966년 및 1967년 경기침체를 제외하면 1973년 원유파동 때까지 계속 유지됐다.

1948년 화폐개혁은 당시 널리 펴져 있던 물물교환과 암거래경제를 소멸시켰고 동시에 정상적인 시장거래로 활기를 띠기 시작하였다. 국민들의 기본욕구를 충족하는 상품들이 쏟아져 나왔다. 기업의 넓은 투자활동은 풍족한 자본이 따라주지 못했다. 이와 같은 지체는 기업에게 이윤의 획득 기회를 주었고 이윤 증가는 투자를 위한 자기자본 조달로 이어졌다.

그러나 일본 식민지 지배로부터의 정치적 해방과 한국동란(1950~53년)을 겪은 한국경제의 1950년대 출발상황은 전후 독일경제와 전혀 달랐다. 한국은 독립과 함께 남북이 분단되었고 정치적 혼란이 계속되었으며 빈곤과 가난이 압도적으로 지배한 상태에서 몇 년 뒤 곧 바로 이어진 한국동란으로 인해 처음부터 자본스톡이 거의 밑바닥에 도달한 수준까지 떨어졌다.

Nach dem Koreakrieg(1950~53), der ein völlig verwüstetes Land hinterlieβ, hat Südkorea einen im asiatischen Raum beispiellosen Aufschwung vom industriellen Schwellenland zu einer Industrienation erlebt. In Anlehnung an das deutsche "Wirtschaftswunder vom Rhein" nennt man diesen koreanischen Wirtschaftsaufschwung auch das Wunder vom Han-Fluβ.

한국경제는 60년대 초반 자본축적 수준은 문자 그대로 매우 낮았고 빈약하였다. **당시 한국경제 실정은 형편없이 낮은 소득수준 - 낮은 저축수준 - 낮은 투자수준 - 낮은 자본스톡 - 매우 낮은 생산능력으로 이어졌고 이것이 결국 낮은 소득수준 - 낮은 저축수준과 낮은 소비수준 - 낮은 투자를 낳은 악순환을 헤매고 있었다. 이러한 빈곤 상태에서 경제개발의 전략은 개발자금을 조달하기 위한 방안으로 저축을 촉진하기 위한 역금리제도와 투자 의욕을 돕기 위한 각종 혜택이 국가적인 차원에서 총체적으로 지원되었다.** 소위 국가자본주의가 생성될 수밖에 없었다. 각종 지원정책을 통해 국내외 민간투자를 유인하고 동시에 대대적인 공공투자가 시행되면서 한국경제는 고도성장을 장기간 지속적으로 유지할 수 있었다. 30년간의 고속성장은 활발한 국내투자와 적극적인 외국인 투자 유치 - 활발한 국내외저축과 해외 원조 - 자본스톡 증대 - 생산능력의 지속적 증대 - 저축과 투자 증대 - 소득 증대 - 소비 증대의 선순환과정으로 이어졌다.

한국경제는 30년 이상 일본의 경제성장을 꾸준히 추격해 왔다. 그 결과 GDP격차는 1995년 4조7303억 달러, 2002년에는 3조3714억 달러, 2003년 3조7616억 달러로 축소될 수 있었다. 1인당 GDP 격차도 1995년 3만330달러에서 2005년 1만8047만 달러까지 축소되었다. 한국경제는 지속적인 성장에도 불구하고 일본과의 기술력 및 생산성 격차가 여전히 크게 존재하고 있다. 무엇보다 한국은 부품소재 등 산업기반 기술이 취약하다. 따라서 산업기반 기술에 향상되지 않으면 한국의 기술격차가 더욱 커질 수 있다. 또한 **한국경제는 이미 최고의 복지 네트워크를 구축하고 국제경쟁력을 확보한 성숙한 산업구조를 달성한 선진국 수준에 도달하기까지는 아직 갈 길이 멀다.** 한국경제가 일본, 서유럽 국가 등의 선진국수준에 도달하기까지는 최소한 수십 년 이상 소요될 것으로 추정된다.

한국의 노동생산성은 미국의 노동생산성과 노동투입량을 각각 100을 기준으로 할 때 46정도에 불과하다. 반면 노동투입량은 미국을 웃도는 113의 수치다. 이는 한국 근로자들이 가장 오랜 시간 일하면서도 노동 생산성은 낮다[동아일보, 2010.12.9]. 한국경제는 지난 65년의 성장과정에서 생산성이 낮은 노동시간의 투입으로 성장해 왔다는 뜻이 된다. 경제성장은 질적 열세를 만회하기 위해 양적 우세로 채워 왔다는 뜻이 된다[매일경제신문, 2006.12.18, 현대경제연구원].

중국은 거대한 공룡 국가이다. 이 초대형 중국경제는 지난 30년간 한국이 걸었던 고성장보다 더 높은 고도성장을 달성했다. 앞으로도 20년 이상 더 고도성장을 할 것으로 내다본다. 중국의 고성장세가 30년간 지속돼 온 기반으로 이제 산업구조조정과 발전방식의 전환을 통해 성장잠재력을 높여 앞으로도 최소한 20년 이상 고속 성장이 지속될 것이다. 초강대국 미국과 공룡 국가인 중국의 경제성장률을 비교해 보면 중국이 얼마나 빠른 속도로 달려오고 지속적 고도성장을 유지해 왔는가를 알 수 있다. **다음 성장률은 각각 미국과 중국을 나타내고 있다** ; 1994년 4 % / 13.1%, 1995년 2.5% / 10.9%, 1996년 3.7% / 10%, 1997년 4.5% / 9.3%, 1998년 4.2% / 7.8%, 1999년 4.5% / 7.6%, 2000년 3.7% / 8.4%, 2001년 0.8% / 8.3%, 2002년 1.6% / 9.1%, 2003년 2.5% / 10%, 2004년 3.6% / 10.1%, 2005년 2.9% / 10.4%, 2006년 2.8% / 11.6%, 2007년 2% / 13%, 2008년 1.1% / 9%

한국은 30년간, 일본은 20년간의 고속성장기를 거친 후 성장세가 크게 둔화했다. 중국이 앞으로 현재 5개 부문의 개혁하고 소비와 투자가 경제에서 차지하는 비율을 조정해 소비의 경제성장 기여도를 크게 높이면 고속성장이 가능하다고 본 것이다. 2010년의 경우, 투자 총액이 정부와 주민소비 총액보다 크게 많았다. 앞으로 소비를 크게 늘리고 소득분배 구조를 개선해 주민소비를 제고한다면 향후 20년간 경제성장 잠재력이 대폭 확대될 것으로 본다. 이어 세제개혁을 통해 서비스산업 분야의 세 부담을 낮춰 서비스산업 성장을 지원하고 금융시스템도 개선해 창업 등이 활성화되면 가일층 고속성장을 누릴 것이다. 또 농촌 인력을 도시로 흡수해 인력난을 해소하고 국유기업들이 기술혁신을 통해 경쟁력을 높여야 할 것이다[중국국제경제교류센터 전망/연합뉴스, 2011.11.27].

2012년 중국의 국내총생산(GDP) 증가율이 8.9%로 낮아질 것이다. 2011년 GDP 성장률은 전 세계 경기회복 둔화와 긴축정책의 영향으로 전년도보다 1.2%포인트 낮은 9.2%를 기록할 것이다. 2010년 성장률은 10.4%였다. 내년 중국의 경제성장 둔화가 불가피하지만 합리적인 성장 구간에 머물 것이다. 2012년 중국 경제성장률은 정부의 긴축 완화 조치를 고려해 8.5%로 예상했지만 8.9%로 수정 전망한 것이다. 또 소비자물가지수(CPI) 상승률은 2011년과 2012년 각각 5.5%와 4.6%를 기록할 것이다. 지금까지 통화 팽창 억제에 여려 차례 정책의 우선순위를 유지한 덕분에 소비자 물가가 2011년 7월 이후 하락세로 돌아섰다. 연말에 4%대 후반을 기록한 뒤 내년 1분기에는 4% 초반 대까지 내려갈 것으로 전망한다. 기준금리와 관련해 2012년 은행 지급준비율이 한 두 번 정도 인하되겠지만 기준금리는 변화가 없을 것으로 본다.

세계 경제 회복에 상당한 시간이 소요될 것이기 때문에 중국의 수출 감소가 나타날 것이다. 따라서 중국 정부는 적극적인 재정 정책과 안정적인 통화 기조 방침을 통한 내수 활성화에 전력할 것이다. 현재 중국의 경제성장은 완만한 흐름이어서 2012년도 거시경제 정책은 안정에 초점을 맞출 것이다. 유럽 국가들의 재정위기로 중국 경제의 불확실성이 커진 상황이다. 2012년은 중국에겐 위기이자 기회의 한 해가 될 것이다. 중국의 2012년 소비자 물가는 안정될 것으로 예상하지만 유연한 물가 대처로 대응할 것으로 본다.

세계은행은 지난해 말 중국의 GDP 성장률이 2011년 9.1% 기록한 뒤 2012년에는 8.4%로 낮아질 것이라고 전망했다. 세계은행은 중국은 부동산시장 둔화로 경제가 타격을 받겠지만 경착륙하지는 않을 것으로 전망했다. 중국도 유로존 재정위기의 영향을 받겠지만 중국 등 아시아 국가들은 유럽 금융기관 위기에 따른 수출 둔화를 극복할 수 있을 것으로 전망했으며 중국은 물가 상승률이 안정을 되찾고 있기 때문에 중국 정부가 통화정책을 정상화할 여력이 충분하다고 보고 있다[뉴시스, 2012.1.1/중국 국무원 직속 싱크탱크인 사회과학원; 2012년 경제동향 보고서].

중국이 2012년 국내총생산(GDP) 성장 목표치를 7.5%로 설정했다. 이는 전년도 목표치 8% 대비 0.5%포인트 낮다. 지난해 중국의 실제 경제성장률은 9.2%에 달했다. 올해 인플레이션 목표치는 4%로 설정했고 올 회계연도 예산을 국내총생산(GDP)의 1.5%정도인 8000억 위안으로 잡았다. 재정 지출은 전년보다 14.1% 늘어난 12조4300억 위안, 수입은 9.5% 증가한 11조3600억 위안으로 각각 잡았다[매일경제, 2012.3.5., 전국인민대표대회(전인대)].

아시아의 국내총생산(GDP)은 2011년 17조 달러에서 2050년에는 174조 달러에 이를 것으로 전망한다. 이 수치는 라오스 파키스탄 등 가난한 나라까지 포함한 규모이다. 이 지역의 국가 당 GDP는 현재 화폐로 환산해서 4만800달러가 될 것으로 전망한다. **2050년까지 1인당 소득은 구매력 기준으로 6배 올라 현재 유럽 수준에 이를 것이다.** 아시아의 신흥 부자도 30억 명에 달하게 된다. 50년쯤 지나면 아시아의 전 세계 제품생산량은 지금의 2배가량 늘어 전체의 52%를 차지하며 아시아는 산업혁명 이전 누렸던 우월한 경제적인 위치를 회복하게 될 것이다. 일본, 한국, 중국, 인도, 인도네시아, 태국, 말레이시아 등이 지난 수십 년 간의 아시아 번영을 이끌어 왔다. 앞으로 아시아가 지속 가능한 발전을 지속 하려면 한국, 일본, 싱가포르처럼 발전 모델을 따라가야 한다[쿠키 경제, 2011.8.2, 아시아개발은행 ADB].

그러나 아시아 세기의 실현 가능성은 100% 확실하지 않다. **수출 위주인 아시아 국가들이 고성장 이후 스태그플레이션과 경기침체를 겪는 중진국의 함정에 빠질 우려가 있다. 국가 간의 불평등과 국내 빈부격차 문제, 기회의 불균등, 일부 국가의 지도력 부재와 부패, 천연 자원 경쟁 등도 아시아가 해결해야 할 난제가 걸림돌이다.** 최근 빈발해진 전 세계적인 이상기후 현상 특히 아시아가 태풍, 폭우 등 자연재해가 많이 일어나는 요인이 아시아 발전의 중대한 장애이다. 앞으로 아시아가 2050년쯤 세계경제의 패권을 쥘 것인가에 대해 낙관할 수 없지만 오늘의 선진국처럼 아시아인들의 삶의 질이 2050년

쯤 높아질지는 부정적이다. 아시아가 패권을 쥔다면, 중국과 일본이 선두주자로 나서면서 아시아가 세계경제의 패권을 누릴 수 있을지 모른다.

39. 장기성장과정에서 선진국은 1950년 이후 25년 동안 급속히 성장했다.

선진국의 장기 경제성장과정을 보면 1950~1973년 기간의 연평균 성장률이 그 이전인 1820~1950년 기간에 비해 현저하게 높은 속도로 달려왔다. 1950~1973년 기간 연평균 성장률을 보면 생산은 4.9%, 인구 1인당 생산은 3.8%, 고정자본스톡은 5.5% 수출은 8.6%인데 반해 1820~1950년 기간을 보면 생산은 2.2%, 인구 1인당 생산은 1.2%, 고정자본스톡은 2.3%(1870~1950년), 수출은 3.0%로 두 기간 사이에 큰 차이를 나타내고 있다. 다시 말해서 **선진국 경제는 1820~1950년 기간 동안 느리게 성장한 반면 1950년대에서 1970년대 초반까지는 급속히 성장했다. 많은 전문가들은 흔히 1950~60년대 기간을 자본주의 발전의 황금기 또는 두 번 다시 볼 수 없는 선진국의 호황기로 부른다.** 선진국의 생산은 1950년보다 180% 커져 거의 두 배에 이르는 성장을 했기 때문이다. 이 25년 동안에 생산된 것은 그 이전의 75년 동안 생산된 것보다 월등하게 많았으며 인류 역사상 어떤 25년보다도 몇 배나 많았다[Maddison, 1982, P. 91/필립 암스트롱 외 2인, 1945

년 이후의 자본주의, 1993. P. 185]. 이러한 규모의 성장으로 생산은 매 16년마다 배가되었다. 만약 이러한 성장률이 계속된다면 해마다 인구증가율이 1%일 경우, 각 세대는 대략 그의 부모의 세대보다 2배 더 살게 되고 그의 조부모 세대보다는 4배 정도 더 살게 될 수 있다. 그런데 이러한 급속한 경제 성장률에도 불구하고 순수하게 양적인 성장 척도이기 때문에 질적인 발전이나 지역적 계층적인 발전은 전혀 보여주지 못한다.

선진국 경제는 1973년 이후 성장세가 전반적으로 크게 둔화되는 모습을 보여주고 있다. 1960~1973년 기간 동안 GDP의 연평균 성장률을 보면 미국 4.0%, 유럽 4.7%, 일본 9.6%, OECD 4.8%인데 반해 그 이후로는 전 기간의 성장률에 크게 미치지 못하고 현저한 차이로 뒤 떨어지고 있다. 특히 1975~79년 기간과 1982~89년 기간의 OECD 3.9%와 3.6% 성장률을 제외한 나머지 기간은 형편없이 낮은 성장세였다. 그렇다면 1970년대부터 왜 선진국의 경제성장이 크게 둔화되었을까? 그 원인에 대해서는 여려가지 요인을 들고 있다.

(1) **우선 장기간에 걸친 생산 증가의 둔화는 수요와 생산 잠재력 모두의 성장을 불가피하게 둔화시킨 것으로 본다.** 특히 투자의 정체가 성장을 저지했을 뿐만 아니라 자본스톡 증가율과 생산 잠재력의 증가를 점차로 감소한 것이 중대한 요인이었다. 그 밖에 총수요를 구성하는 소비와 주택건설에 대한 수요, 해외수요, 정부지출이 성장 둔화의 요인이 있다. 그러나 소비지출은

소비자로서의 노동자이며 이들의 소비행태는 본질적으로 수동적일 수밖에 없는 요인으로 본다. 노동자의 임금지급액 증가는 기업투자, 수출, 정부지출 등 유형의 지출에 의해 제공된 시장이 결정하기 때문이다.

(2) **그 밖에 성장을 둔화시킨 요인으로는 생산성의 정체와 위기, 실업의 증가, 탈공업화와 구조변화, 남성과 여성의 고용 구조변화, 이윤율의 하락, 둔화되는 수익성과 축적, 높은 인플레이션과 실업 동반, 금융자본 과잉축적의 유산 등의 요인을 들고 있다(필립 암스트롱 외 2인, 1993. PP.346~376).**

주요 국가의 실질국내총생산의 연평균 성장률(단위; %)			
국가	1950~60년	19601~970년	1970~1977년
미국	3.3	4.3	2.8
서독	7.9	4.4	2.4
영국	2.8	2.9	1.8
일본	9.1	10.5	5.3

자료 : UN, Yearbook of National Account Statistics; 宮崎屈一/奧林茂次/森田棟粮 편 근대국제경제요람, 1981, P.139, 김종현, 근대경제사, 2003 중판, 경문사, P.419, 재인용

저개발국가의 연평균 GDP성장률(1960~1987년)			
기 간	19601~970년	1970~1980년	19801~987년
저개발국가 전체	5.8	5.5	2.2
공산품 수출국	5.7	6.4	3.5
석유 수출국	7.2	6.0	-0.3
가장 저발전국가	3.4	3.2	2.4

자료 : UNCTAD, Statistical Pocket Book/ 필립 암스트롱 외 2인 공저, 1945년 이후의 자본주의, P.410, 재인용

일본, 미국, 서유럽 등의 선진국은 2000년대 중반까지만 해도 세계 경제의 성장을 이끌고 왔다. 그러나 최근 들어서 성장속도가 떨어지고 있으며 아세아 국가들도 특히 금융위기 이후 성장세가 뚝 떨어지고 있다. 주요 선진국 경제는 이미 1970년대 초반에 들어서면서부터 감속 성장 현상을 보였다. 1948~1972년과 1972~1992년 두 기간을 보면 선진국의 1인당 생산량 증가율은 70년대 이후 모두 떨어졌다. 캐나다(2.9%/2.1%) 프랑스(4.3%/2.0%) 서독(5.7%/2.1%) 이탈리아(4.9%/2.8%) 일본(8.2%/3.4%) 영국(2.4%/1.8%) 미국 (2.2%/1.5%). 이러한 성장 감속 현상 요인으로는 첫째, 노동인구의 변화를 든다. 1970년대부터 젊은 베이비 붐 세대가 노동인구에 편입되면서 평균 경험수준이 낮아지고 이에 따라 노동생산성이 낮아진 탓이다. 둘째는 환경보호규제 등 각종 규제가 증가하면서 기업들이 덜 생산적인 생산방법을 채택한 것이 생산성 및 소득 감소를 유발한 탓이다. 셋째는 1970년대 원유가격 폭등이 과도하게 의존한 자본설비를 폐기 처분한 것이 이후 생산성 감소를 초래한 탓이다. 넷째는 새로운 생산방식을 고안하는 속도가 늦어지면서 기술 진보의 감속 시대에 진입했다. 이들 여려 요인 중 어느 요인이 성장 감속에 결정적으로 강타한 것인지에 대해서는 학자들 간에 논쟁이 분분하다.

한국의 실실 국내총생산(GDP) 성장률이 연 4%를 밑돈 것은 그동안 6차례 있었다. 오일쇼크, IMF외환위기, 카드사태, 글로벌 금융위기, 유럽 발 재정위기 등 굵직굵직한 국내외 경제위기가 발생했던 때다.

그러나 올해 한국의 성장률은 2%대에 머물 것으로 예상되고 있다. 내년에는 정부가 제시한 4%에 도달하기 어려울 것이라는 전망이 많다. 한국에 산업화가 본격적으로 시작된 1970년 이후 경제 성장률이 전년 대비 4%에 미달한 것은 1980년대 1차례, 1990년대 1차례, 2000년대 3차례와 작년 등 총 6차례였다. 첫 번째 4% 미달은 이란·이라크 전쟁 발발로 제2차 석유파동(오일쇼크)이 터진 1980년에 이뤄졌고 당시 성장률이 -1.9%였다. 경제가 오히려 뒷걸음질 친 것이다. 이후에는 고성장을 보이다가 IMF에 구제 금융을 신청하는 외환위기를 맞아 1998년 -5.7%로 역대 최악의 성장률을 기록했다. 이어 수많은 신용불량자를 양산한 카드사태 때 성장이 저조했다. 2003년 성장률은 2.8%로 전년(7.2%)의 3분의 1 수준으로 곤두박질쳤다. 리먼브러더스 파산으로 촉발된 글로벌 금융위기 때는 저성장이 2년 연속 이어졌다. 성장률이 2008년 2.3%에 이어 2009년에는 0.3%로 더욱 가파른 하향 곡선을 그렸다.

한국의 저성장 상황은 유럽발 재정위기 역시 피해가지 못했다. 2010년 6.3%로 회복됐던 성장률이 작년에 반 토막이 나 3.6%로 떨어졌다. 우리나라 경제는 대형 경제위기가 터질 때마다 휘청거렸다. 역대 최고 성장률은 산업화·근대화가 본격적인 궤도에 진입하던 시기인 1973년의 14.8%였다. 또 1971년, 1976년, 1977년, 1978년, 1983년, 1986년, 1987년, 1988년, 1999년 등 총 10차례에 걸쳐 10% 이상의 고성장을 이뤘다. 이 때문에 우리나라 명목GDP는 1970년 2조7천750억

원이었던 것이 1980년 39조원, 1990년 191조원, 2000년 603조원, 2010년 1천173조원, 작년 1천237조원로 30여년만에 446배로 커졌다. 경제위기가 발생했을 때마다 그 이듬해에 곧바로 성장세는 회복했다. 기저효과 등이 작용한 결과다. 오일쇼크 발생 다음해인 1981년에는 7.4% 성장을 이뤘고 금 모으기 운동 등으로 한국인의 저력을 보여준 1999년에는 성장률이 10.7%로 치솟았다. 글로벌 금융위기 때도 2년 연속 저성장이 이뤄졌지만 2010년에 6.3% 성장했다. 미래 한국경제는 불안하다. 한국의 경제성장이 빨리 회복한 것은 기저효과가 있겠지만 정부의 내년 4% 성장 목표는 달성이 쉽지 않을 것이다. 수출 등이 개선되는 것을 봐야겠지만 내년 3%대 초중반 정도에 그칠 가능성이 높다[한국개발연구원(KDI); 3.4% LG경제연구원; 3.3%, 국제통화기금(IMF); 3.9% 주요 10개 투자은행(IB); 평균 3.6%]. 한국의 올해 경제성장률도 2%대에 머물 것으로 예측되고 있다[연합뉴스 박상돈 기자, 2012.9.26./금융투자업계/ 한국은행].

40. 한국경제의 역사적인 성장 과정

세계 각국의 경제성장에서 서유럽 국가들의 성장과정을 보면 영국과 서유럽대륙 국가들은 산업혁명의 꽃이 만발하게 피기 시작한 1850년대 이후부터 급속히 성장하였고 자본축적 역시 급격히 확대되는 과정을 밟았다. 한국경제는 1890년대 외세 압력에 의해 개방이 강요되면서 빠른 성장과정을 밟았다. 한국경제는 1890년대 일본의 제국주의에 침략으로 자생적 성장과정을 밟을 수 있는 기회를 잃었지만 타율에 의해 급속히 성장할 수 있었다.

일본은 당시 제국주의와 군국주의의 물결을 타고 조선에 진입해 1910년 합병 이전부터 화폐정리사업과 특수금융기관 설립을 완료하였다. 도로, 항만, 철도 등 사회기반시설을 구축했으며 농지개량과 수출장려 정책을 적극 실시하였다. 일본은 마침내 1910년 자국의 본토경제에 공식 편입하였다. 그 이후 조선경제는 1945년 해방 때까지 일본경제의 종속체제로 운영되었다. 1914~15년 첫 불황으로 조선경제는 성장의 침제를 겪었지만 제1차 세계대전을 통해 일본경제는 연평균 5~6%의 고도성장을 달성할 수 있었다. 일본경제는 지속적인 경제성장과 함께 공업화와 도시화가 급속히 진행되었고 조선으로부터 면화, 쌀, 대두 등의 농산물 수입이 크게 늘어나면서 조선경제는 급팽창할 수 있었다. 전후 1911~20년 사이 조선경제는 일본수출과 함께 연평균 8.7%의 고도성장을 달성했다. 조선경제의 성장 동력은 대일 수출이 담당하였다. 조선의 실물경제가 성장 확대되면서 조선 금융도 호황을 누리며 크게 발달했다. 그러나 1920년 이후 조선경제는 일본경제의 급속한 냉각과 반복된 공황을 겪으면서 심대한 충격을 받았다. 일본경제는 1923년 지진 공황, 1927년 금융공황, 1929년 세계대공황을 겪으면서 일본에만 크게 의존했던 조선경제도 1920-30년 사이 연평균 2.2%로 성장세가 뚝 떨어지는 쇼크를 겪어야만 했다.

일본은 조선경제의 위기를 극복하기 위해 농공병진정책이 추진되었다. 1931년 만주 침략이 수행되면서 조선경제는 다시 활기를 띄었다. 1930~38년 기간 조선경제는 연평균 3.8%, 수출은 연평균 12.3% 성장하였다. 1937년 중일전쟁으로 조선의 공업화는 가속화되었다. 군수산업 중심의 중공업이 크게 발달하였다. 공업화는 일본재벌이 주도했다. 모든 경제정책은 전쟁 지원에 초점이 맞추어졌다[윤석범 외 공저, 1996, PP.127-130].

1945년 해방과 함께 조선은 일본으로부터 정치와 경제 등 모든 분야가 완전히 독립됐지만 지리적으로 조선은 일본경제와 일시에 완전히 차단되었을 뿐만 아니라 모든 해외경제와의 거래관계가 단절되는 폐쇄적인 경제 상황에 빠졌다. 1945년 해방 이후 한국동란(1950~1953)이 끝날 때까지 한국사회는 정치 사회적으로 매우 혼란스러웠다. 1945~1953년 기간 한국경제는 사실상 경제성장에 매진할 수 없었다. **한국은 최대 빈곤 국가 중의 하나에 속한 후진국으로 분류됐다. 빈약한 생산시설과 크게 파손된 사회간접 자본 등으로 자본축적은 거의 빈사상태였다.** 1953년 후전 이후 남한 남은 것이란 빈곤과 무지, 과잉인구만이 넘쳐났다. 무지와 가난, 문맹 전쟁의 상흔이 지배했던 1960년대 초반까지 한국은 절대빈곤 추방과 최저 생계유지의 복원을 위해 파손된 생산시설과 기간시설 등 전후 복구에 온 힘을 쏟아야 했던 절대빈궁의 시대였다. 많은 국민들은 절대적 빈곤과 힘겹게 싸워야만 했다. 한국경제는 미국원조와 하늘에 의존하는 농업국을 면치 못했다.

해방 전 한국경제 구조는 중화학공업이 80% 이상(1940년 기준)이 북쪽지역에 편재돼 있었다. 남한에 있는 수력과 지하자원의 부존은 빈약했다. 농업은 하늘에 의존했고 수로도 빈약한 자연적인 모습 그대로였다. 일제가 떠나고 남쪽에 남겨 놓은 방적, 식품생산시설, 기계설비 등은 모두 경공업제품을 생산할 수 있었던 시설에 불과했다. 경공업 중심의 공장마저도 일본 공업에 공급하는 조달창구용 기초자재 생산이 대부분이었다. 공장의 기계를 운영하는 것도 문제였다. 남북의 시장단절과 80~90%이상 차지했던 일본인 기술자와 일본 자본가의 조선 철수는 남한경제에 심대한 충격을 주었다. 북쪽 지역에 주로 있는 주요 광물과 동력자원의 상실은 공업생산에 결정적인 타격을 주었다. 해방 후 1948년 공장 수는 전쟁 절정기인 1941년에 비해 40%, 종업 수는 29%로 격감되었다. 생산 공장의 가동이 불가능할 정도였다. 따라서 공업생산은 83%나 줄어들었다.

해방 후 미군정 3년(1945~48년) 동안 혼란스런 정치와 사회불안 및 경제 불안이 지배하면서 산업 활동에 대한 경제적 조처들이 뒷전으로 밀리고 공업생산은 크게 위축될 수밖에 없었다. **미국에 의해 접수된 귀속기업은 대부분 가동이 불가능한 상태로 방치되었다. 식량생산도 매우 부진했다.** 해외와 북한으로부터 들어온 대량인구 유입은 식량부족을 더욱 악화시켰다. 인구 유입에 의한 폭발적인 인구증가는 소비수요를 급증시켰다. 소비수요의 급증은 국내생산에 의해 메우기보다는 주로 수입 외제품이 보충하였다. 국내생산 부족을 메우는 외국 제품의 범람은 국내산업의 자생적인 성장 능력을 잠식했다. 정부의 경제안정화정책이 1949년 발동되었지만 1950년 한국동란으로 빛도 보지 못한 체 중단되었다. 한국전쟁은 해방 직후 경제 재건에 치명타를 가했다. 전쟁기간 동안 영남공업지대의 일부분이 피해를 모면했지만 대부분의 공업지대는 완전히 파괴되었다. 1950년 산업생산은 전쟁 전(1949년) 섬유공업의 60%, 고무공업의 83%, 제지공업의 30.6%, 화학공업의 22.6%, 요업의 30.2%, 금속공업의 44%, 기계공업의 40%,

전기기기공업의 66.4%로 격감했다. 해방 후 취약한 시설을 보유했던 기간공업도 전부 붕괴되었다. 1953년 7월 전쟁 종결 이후 남한경제는 서서히 회복되기 시작했다. 1953년 1인당 국민소득(GNP)이 67달러(2400원: 달러 당 35원 환산), 1960년 79달러(9900원: 달러 당 125원 환산)수준이었다. 한국경제는 빈곤한 후진국이었다.

전쟁이 종결된 1954년부터 1961년 기간 동안 한국경제는 전후복구와 기초생활 여건을 마련하는데 여념이 없는 기간이었다. 경제복구와 함께 늘어난 폭발적인 대중 수요에 힘입어 면방공업은 전쟁 이전의 수준으로 회복되었다. 미국 등 외국원조에 의해 비료와 시멘트 공장이 건설되었고 여타 다른 공업도 개수(改修) 또는 보수되었다. 공장은 대부분 제분, 제당, 면방 등 소비재산업 중심으로 발전되었다. 이러한 발전 양상은 산업간 불균형 발전의 단초가 되었다. 이런 성장추세는 정부의 불균형 성장전략도 한 요인으로 작용했다. 1958년 일부 소비재 산업은 무능력한 산업정책으로 과잉생산시설이 나타났고 가동률도 크게 떨어졌다. 전체 공업에서 생산재 공업이 차지하는 비중은 1953년 14.7%, 1957년 13.5%, 1961년 16.5%에 불과했다.

1954~57년 동안 한국경제는 미국원조의 덕분으로 연평균 5.5% 성장했다. 1958~61년 기간 원조 감소로 성장이 4.1%로 떨어졌다. 1960년 1.2%, 1962년 2.1%로 저조한 성장이 계속되었다. 소비재 중심의 해외원조는 소비재 산업만 비대하게 키우고 생산재 산업은 허약하였

다. 이러한 불균형 산업구조는 한국경제의 불균형 구조를 고착시키는 방향으로 자리 잡았다. 산업과 지역의 균형발전은 당초부터 기대하기 힘들었다. 부정부패의 만연과 정치 불안이 경제사회를 지배하는 분위기 속에서 기업들은 정상적인 기업운영을 추구하기 보다는 정치권력에 의탁하는 파행적인 경영이 정착되었다. 이 같은 사회적 병폐들은 한국의 고질병으로 뿌리 깊이 박기 시작했다.

1961년 군사반란을 통해 집권한 군부의 경제개발계획은 1962년부터 본격적으로 공업 우선의 불균형 성장정책을 추구하였다. **1945~1961년 연평균 3.4%의 저성장 굴레를 벗어났다. 1962년부터 1980년대까지 연평균 9%의 고도성장을 달성한 것이다.** 수출은 34%대 수준을 유지하였다. 1인당 GNP는 1962년 82달러에서 2000년에는 1만 달러를 넘어서 이제 2만 달러를 바라보고 있다.

1인당 국민소득은 1963년 87달러(13.000원)에서 1978년에는 1천 달러(65.000원)를 넘어섰고 32년이 지난 1995년에는 1만 달러에 도달하였다. 그러나 지난 60년 기간 동안 급속한 경제성장만을 추구해온 결과 많은 부작용을 낳았다. 1997년 12월에는 최대의 외환위기를 맞았다. 원화가치가 급격하게 하락함으로서 1인당 국민소득은 1만 달러 이하로 줄어드는 규모축소를 경험하였다.

한국경제를 경제규모 면에서 국민소득만 가지고 선진국과 비교하면 아직도 선진국에 크게 뒤떨어져 있음을 알 수 있다. 주요 선진국이 달성한 소득 1만 달러와 2만 달러의 연도를 보면 스위스 78년/87년, 미국 78년/88년, 독일 78년/90년, 프랑스 79년/90년, 영국 86년/-, 싱가포르 89년/93년, 이탈리아 86년/91년, 캐나다 80년/89년, 스웨덴 78년/88년이었지만 한국은 01년/07년이다[자료: 세계은행, 매일경제, 2003.5.8].

한국의 1인당 국민소득은 사우디아라비아, 슬로베니아 정도 수준이다. 한국은 홍콩, 싱가포르의 절반에도 미치지 못한 수준이다. 국민소득 기준으로 볼 때 한국은 최소한 20년 이상 선진국에 떨어진 것으로 추정한다. **한국경제는 과거 30년간의 고도성장을 기대하기 어려우며 앞으로 크게 떨어질 것으로 예측하고 있다.**

기간 별 연평균 성장률(%)			
1970년대년	1980년대	1990년대	2004~2010년
8.6%	7.6%	6.1%	연 4.0% 성장 예측

이처럼 성장추세에서 볼 수 있는 바와 같이 한국경제의 기초체질이 계속 저하되고 있음을 알 수 있다. 한국경제의 조로화 현상은 성장 복원력의 약화에서 잘 나타나고 있다. 불황에서 벗어나는 힘이 크게 약화되고 있다. 70년 이후 외환위기까지 6번의 경기순환 과정에서 경기확장 기간은 34개월, 경기수축 기간은 19개월이었다. 확장 기간이 수축 기간보다 1.8배나 길었다. 외환위기 이후 경기확장 기간은

24개월(98년 8월~2003년 7월)인 반면 수축기간은 58개월이나 증대되었다[현대경제연구원]. 호황기가 짧아지고 불황기가 길어졌다. 경기변동성도 크게 늘었다. 경제성장률이 8.5%에서 2001년에는 3.8%로 뚝 떨어졌다가 2002년에는 7%로 높아졌다. 그 후 2003년 3.1%, 2004년 4.6%, 2005년 3.8% 등 다시 하락국면에 들어섰다. 선진국 경제의 발전과정은 내수비중 확대, 서비스업 확대, 정부의 경기조절능력 향상 등에 의해 경기변동성이 축소되어 가는 경향인데 반해 한국 경제는 반대 방향으로 걸어가고 있다[매일경제, 2005. 8. 29].

한국경제는 시종일관 정부주도의 경제개발계획으로 1963년부터 1997년까지 35년 동안 지속적인 고도성장을 걸었다. **경제성장률은 1972년 4.8%와 1980년 -2.7%를 제외하고는 최저 5.8%에서 최고 13.8%의 고도성장을 유지하였다. 고도성장으로 한국경제는 농업국가에서 공업국가로 완전히 탈바꿈하였다. 경제규모는 선진국의 문턱에 들어섰다. 그러나 짧은 기간 동안 급속한 공업화 과정에서 선진부문과 전통부문이 극명하게 공존하는 이중구조가 여러 부문에서 대조적인 현상으로 고착되었다.** 도시와 농촌의 현격한 차이, 내륙과 도서지방의 현저한 차이, 공업과 농업의 극심한 불균형, 수출산업과 내수산업의 심대한 격차, 지방과 도시경제의 현격한 차이, 대기업과 중소기업의 경제력 차이, 소수 기업에의 경제력 집중 등 극심한 불균형이 심화 확대되는 부작용이 여전히 되풀이 되고 있는 것이다.

2000년대 들어서면서 한국은 국내외 경제 환경이 격심한 경쟁 속에서 선진국을 따라 잡아야 할 상황이다. 1인당 국민소득수준의 확대 모습에서 볼 수 있는 것처럼 한국경제가 선진국수준에 진입하는 것은 아직도 갈 길이 멀다. 선진국을 따라잡기 위해서는 경제의 모든 분야에서 질적인 향상에 초점을 맞춘 고도 경제성장을 지속적으로 유지되어야만 가능하다는 것을 알 수 있다.

한국의 지속 가능한 성장 유지를 가로막는 요인은 무엇인가? 첫째, 기업에 공급해 주는 역할을 담당하는 금융자금이 생산적이고 효율적인 기업과 산업으로 자금이 흘러가지 못하고 있다. 둘째, 인구 고령화와 노동의욕 저하로 일한 사람이 줄어들고 있다. 생산가능인구증가율은 80년대 2%에서 90년대에는 1%로, 2000년 이후에는 0.4%로 줄어들었다. 일할 여건에 있는 사람 중 실제 일을 하는 비율인 경제활동참가율도 97년 62.5%에서 2004년 62%로 낮아졌다. 셋째, 중국 등 후발국의 장기 고성장이 유지되면서 국제경쟁력이 강화되는 가운데 한국 경제의 성장잠재력을 훼손하고 있다. 90년대 이후 글로벌 경쟁이 심화되면서 일반기술 제품분야 수출시장이 중국에 크게 잠식되고 있다. 이류 기술이 선진국 수준에 미치지 못한 상태에서 저임금을 무기로 한 중국 진출이 특별한 해결책 없이 당하고 있는 처지이다. 넷째, 국내 산업구조의 기형화도 중요한 요인이 되고 있다. 완성품 생산이 하나 늘어나면 이곳에 투입되는 부품산업의 생산도 늘려가는 산업간 연관효과가 2000년 이후 크게 낮아졌다. 이것은 소재산업의 미발달로 산업연과효과가 90년대에 비해 크게 악화되었음을 의미한다. IT 중심의 수출호조는 국내생산 및 고용효과가 미약한 것으로 나타났다. 다섯째, 외환위기 이후 소득분배의 악화로 저소득층이 확대되면서 소비가 위축되고 내수기반이 약화되면서 교육 불균형의 심화를 통해 인적자본투자가 활발하게 이루어지지 않아 경제 불안을 증폭시키고 있다. 여섯째, 경제 환경은 빠른 속도로 변하고 있지만 당국의 관리부족과 정책 일관성 부족이 한국경제의 경쟁력을 추락시키고 있다. 정부대응력, 정책 효율성, 제도적 안정성 등 질적 측면의 경쟁력이 크게 뒤지는 요인은 성장잠재력을 훼손시키고 있다[매일경제, 2005.8.29].

41. 4용의 경제성장은 거위비행이론에 기초했다.

4용의 경제성장을 설명하는 이론으로는 거위비행도약성장모델이다. 이 성장이론은 특히 아시아권 국가들의 경제성장모형이다[Erklärung der Entwicklungsphasen: Das Fluggänsemodell]. 아시아경제를 이끌고 있는 일본이 성장을 주도하는 핵심국가로서 날아오르면 다른 인접국들도 다 함께 날아오르며 성장했다. 이러한 성공적인 거위비행성장이론은 다음과 같은 성장과정을 거쳐 간다; 1. 성장 초기에는 경제성장이 수입에 의존한다. 2. 다음 경공업이 도입되면서 수입대체산업을 일으킨다. 3. 협소한 내수에 직면해 이를 극복하는 대안으로 노동집약적인 생산을 통해 수출을 촉진한다. 4. 수입국의 수입제한이 이루어지고 임금 상승과 다른 저임금국가의 경쟁이 가열된다. 6. 자본집약적이고 인적자본집약적인 생산을 통한 수입대체와 수출촉진을 연계한다. 7. 다른 개발도상국의 임금상승과 경쟁 치열해 진다. 혁신에서 약한 경쟁력이 노출되는 분야를 보강한다. 8. 공업국과의 경쟁력 도달 시까지 고급기술 분야를 고도화하고 역량을 강화한다.

한국경제는 1960년대~1980년대까지 아시아의 네 마리 용으로서 고도성장을 유지하였다. 그러나 2010년부터 한국경제 성장은 세계 평균에도 못 미친다. 2012년 이후 2016년까지 한국의 경제성장률은 세계 184개 국가의 평균 성장률보다 낮아질 것으로 전망한다. **한국의 성장률**은 2012년 4.2%, 2013년 4.2%, 2014년 4.0%, 2015년 4.0%, 2016년 4.1%로, 세계 평균 성장률 4.5%, 4.5%, 4.6%, 4.7%, 4.7%에 비해 연도별로 최소 0.3%포인트에서 최대 0.7%포인트 낮다. 같은 기간 한국은 **홍콩, 대만, 싱가포르**보다 성장률이 낮다. 홍콩보다 0.01%포인트~0.3%포인트, 싱가포르보다 0.03%포인트~0.2%포인트 각각 낮다. 대만은 한국을 0.9%포인트~1%포인트씩 꾸준히 앞설 갈 것으로 전망한다. 한국경제 성장 속도가 세계 평균보다 낮은 현상은 2000년대 초반 이후 고착화되었다.

한국의 경제성장률은 1980~2002년까지만 해도 석유파동을 겪은 1980년(-1.9%)과 외환위기가 닥친 1998년(-5.7%) 등 두 해만 제외하면 모두 세계 경제 성장률을 웃돌았다. 1983년에는 무려 9.4%포인트 성장하기도 했다. 하지만 카드대란이 터진 2003년부터 저성장률 현상이 나타나기 시작했다. 2003년 한국경제는 2.8%로 세계경제 성장률(3.6%)보다 0.8%포인트 낮은 것을 시작으로 경제성장률 격차는 2004년 -0.3%포인트, 2005년 -0.6%포인트, 2006년 -0.1%포인트, 2007년 -0.3%포인트, 2008년 -0.6%포인트 등 6년 연속 마이너스다.

비록 글로벌 금융위기 이후 2009년 한국 경제가 빠른 회복세를 보이며 세계경제보다 0.7%포인트 높이 성장했고 2010년에는 1.1%포인트 더 높았으며 2011년에도 0.1%포인트 더 높을 것으로 전망하지만 한국경제는 중장기적으로 저성장 기조에 빠져들 것으로 전망한다[국제통화기금 IMF, 연합뉴스, 2011.4.17]. 2010년 한국의 국내총생산(GDP) 성장률 6.1%로 지난 2002년 7.2% 성장한 이후 8년 만에 최고치를 기록했다. 2년 만에 금융위기를 완벽히 극복했다. 경제협력기구(OECD) 회원국 중 터키(7.8%)에 이어 두 번째로 높다.

이러한 고도성장은 설비투자와 수출(연간 각각 24.5%, 14.1%)이 견인했고, 민간소비(4.1%)도 늘며 꾸준한 증가세를 이어갔다. 이번 GDP 성장에서 내수 부문의 성장 기여도는 7.0%로, 2009년(-3.8%) 대비 급격히 늘어났다. 특히 민간부문(GDP성장기여도 6.6%)이 경제성장을 주도한 반면 정부부문은 2009년(1.5%)보다 크게 줄어들었다(0.4%). 수출의 성장기여도도 지난해(-0.4%)에 비해 크게 늘었다(7.0%). 수입의 기여도가 이보다 높은 7.9%로 나타나, 수출에서 수입을 제외한 순수출의 성장 기여도는 -0.9%를 기록했다. 2011년 경제는 2010년보다 낮지만 5% 대 성장을 이어갈 것으로 전망하고 있으며 최근 물가 급등에 매우 우려하고 있다[한국은행, 아시아경제, 2011.1.26].

유가가 배럴당 200달러를 돌파하면 세계 경기는 새로운 침체국면에 접어들며, 한국경제의 성장도 2.5%포인트 하락하고 소비자물가는

2%포인트가 상승한다. 유가가 배럴당 115달러 선에 그치면 세계와 한국 경제에 미치는 영향은 제한적일 것으로 전망한다. 각국의 국내총생산(GDP) 성장률이 0.2~0.5%가량 축소될 수 있지만 이는 올해의 불확실성 범위 내 수준으로 정책적 대응을 가져올 정도는 아니다. 한국의 경제성장은 0.4%포인트 떨어지고 물가는 0.4%포인트가 오른다.

유가가 배럴당 150달러를 넘어서면 신흥국과 선진국 모두 경기가 둔화될 수 있다. 그러나 이미 2008년 이 수준의 유가를 경험한 만큼 충격과 불안을 가져오지 않는다. 유가가 계속 상승해 200달러를 돌파하면 세계 경기는 새로운 침체 국면에 접어들고 소비자는 자동차, 집 등의 고가품목을 축소하며 기업은 판매부진을 우려해 재고 및 투자를 줄인다. 따라서 신흥국 중앙은행은 금리를 단계적으로 인하하고 선진국은 추가 양적완화 정책을 시행할 것이다. 우리나라의 경제성장률은 2.5%포인트가 떨어지고 물가는 2%포인트가 오르며 경상수지는 적자로 전환될 것이다. 정책당국은 물가안정보다는 경제회복정책을 시행하게 되고 한국은행은 기준금리 인하를 단행할 것이다[스탠다드차타드(SC), 이투데이, 2011.4.12].

한국의 2012년 경제성장률이 물가상승률보다 낮아질 것이다. 한국의 물가상승률 역선 현상이 아시아에서 가장 심각하다. 한국의 올해 경제성장률은 9월 말 현재 평균 3.7%로 물가상승률 전망치인 4.3%에 비해 0.6%포인트 낮다. 올해 한국의 분기별 경제성장률은 1분기

4.2%, 2분기 3.4%로 발표됐고 3분기는 3.4% 안팎으로 예상된다. 반면, 소비자물가 상승률은 1분기 4.5%, 2분기 4.2%, 3분기 4.8%였다. 경제성장률에서 물가상승률을 뺀 수치는 1분기 -0.3%포인트, 2분기 -0.8%포인트, 3분기 -1.4%포인트다. 3분기의 이 수치는 리먼사태로 마이너스 성장을 했던 2009년 2분기(-4.9%포인트) 이후 가장 낮다.

아시아 주요 10개국 중 올해 연간 기준 경제성장률 전망치가 물가상승률 전망치보다 높은 나라는 중국, 대만, 홍콩, 싱가포르, 인도네시아, 말레이시아 등 6개국이다. 중국의 경제성장률 전망치는 9.1%로 물가상승률 5.3%보다 3.8%포인트 높다. 대만의 성장률은 4.6%로 한국(3.7%)보다 훨씬 높지만, 물가상승률은 한국(4.3%)보다 낮은 1.6%로 예상됐다. 대만의 성장률은 물가보다 3.0%포인트나 초과한 것이다. 홍콩은 성장과 물가가 각각 5.0%로 예상됐다. 싱가포르는 성장 5.1%, 물가 4.7%로 각각 전망됐다. 인도네시아 성장률 전망치는 물가보다 0.8%포인트 높은 6.4%, 말레이시아는 1.4%포인트 웃돈 4.6% 등이다. 성장률이 물가 상승률보다 낮은 나라는 한국 외에 인도, 태국, 필리핀 등 3개국이지만 한국이 인도와 함께 가장 나쁘다. 인도의 성장률 전망치는 7.5%로 물가의 9.0%보다 1.5%포인트 높다. 성장률을 물가로 나눈 배율은 0.83배로 한국(0.86배)과 비슷하다. 필리핀은 성장률 4.3%, 물가 4.7%여서 배율은 0.91배, 태국은 각각 3.8%, 3.9%여서 배율은 0.97배로 한국보다 높았다.

경제 성장률이 둔화하고 물가는 올라가는 역전 현상은 안 좋은 모습이다. 2008년 금융위기 당시에도 원자재 가격과 원·달러 환율이 올라 물가가 불안해진 상황에서 경제성장률이 추락해 이런 현상이 나타났다. 유럽문제가 쉽게 해결되기 어렵고 중국 경제성장률 둔화, 미국 저성장 지속 등의 문제도 있어 한국이 저성장 국면에 들어가는 것 같다. 그러나 한국경제가 경제성장률은 낮은데, 물가 수준은 높은 스태그플레이션 단계로 들어가지는 않을 것이다. 내년 물가가 올해보다 낮아지고 성장률은 올해와 비슷한 수준을 유지한다면 아직 스태그플레이션이 올 거라고 보기 어렵다[이투데이, 2011.10.23, 국제금융센터/증권업계/주요 국외 10개 투자은행 전망]. 2012년 우리 경제 성장률은 지난해와 비슷한 3.6%, 2013년에는 4.1%를 기록할 것으로 전망됐다. 또 전 세계적으로 유례가 없을 정도로 급속히 진행되고 있는 저출산·고령화의 영향으로 잠재성장률이 하락하고, 이에 따른 재정 압박이 크게 증가할 것이다.

우리 경제는 대외 수요 악화로 수출 둔화가 예상되지만 내수 부문을 중심으로 완만한 성장세를 유지할 것이다. 우리의 단기 여건에서 유럽 재정위기를 최대 악재이고 최악의 경우 우리 경제가 금융과 실물 부문 모두 상당한 타격을 입을 수 있다. 다만 무질서한 디폴트(채무 불이행) 같은 극단적인 상황이 발생할 가능성이 매우 높지 않지만 그리스, 스페인 충격 등 많은 유럽 발 위험요인이 시장 상황에 이미 반영돼 있다. 우리나라는 최근 복지 분야를 중심으로 의무지출이 계속 증가하는 추세여서 재정운용의 신축성을 떨어뜨리고 있다. 악화되는 세입 여건에 맞춰 총지출을 조절할 여지가 축소되고 있다. 특히 2012년 총선 과정에서 각 정당은 여러 가지 복지사업 공약을 볼 때, 이를 이행하려면 대규모 재원이 소요될 수 있다. 특히 인기 영합적 정책들을 내 세워 향후 재정지출이 폭증할 수 있다[헤럴드경제=신창훈 기자. 2012.6.12./기획재정부, 한국개발연구원(KDI)공동 주최; '2012~2016'년 국가재정운용계획 공개 토론회].

국제통화기금(IMF)에 의하면 올해 우리나라의 경제성장률은 두 달 전 전망치보다 0.25%포인트 떨어진 3.25%로 예측됐다. 한국경제는 지난 2010년 빠른 경제회복 이후, 세계경제의 변화로 2011년, 2012년 성장세가 완만해졌다. 한국의 경제성장률은 더 낮은 세계경제 성장률을 반영, IMF의 기본전망인 3.5%보다 둔화될 가능성이 있다. 올해 성장률은 약 0.25%포인트 더 낮아질 것으로 전망했다.

지난 4월 경제전망에서 올해 한국 경제성장률을 3.5%로 예상한 지 두 달 만에, 전망치를 하향 조정한 것이다. IMF는 올해 하반기에는 경쟁력 있는 수출산업과 한-유럽연합(EU) 및 한-미 자유무역협정(FTA) 덕분에, 성장세가 완만하게 확대될 것으로 예상했다. 그러나 "경제전망의 기조에는 많은 불확실성이 내포돼 있고, 가장 주요한 하방위험은 유럽위기의 심화"이다. "유럽에 대한 직접적인 위험자산"은 크지 않지만, 위기의 여파가 미국과 중국으로 전이되면, 한국은 큰 영향을 받을 수 있다. 그럼에도 "선거가 열리는 해에 지출확대 압력에 저항하고, 재정건전화를 지속"하고자 하는 한국 정부의 확고한 의지에 대해 높은 점수를 주고 있다. 재정건전성을 고려할 때, 세계경제가 큰 폭으로 악화되면, 한국정부는 경기 부양을 위해 추가 재정조치를 취할 수 있는 여력이 있다. 아울러 지난 20년간 한국의 사회복지 지출이 많이 증가했고, 앞으로도 신중한 속도로 추가 확대될 여지가 존재하지만, 이러한 지출 확대는 세수 강화, 우선순위가 낮은 분야의 지출 축소 등 재정건전화 노력을 유지하면서, 이루어져야 한다는 점을 강조한 것이 이채롭다. 또 정책금리의 현 수준 유지가 세계경제의 약세 및 불확실성에 대한 적절한 대응이라고 보며 "경제성장률이 회복되면, 내년 초에는 물가상승률이 목표 범위 내에서 관리될 수 있도록, 정책금리의 일부 인상"이 필요하다. 2008년 이후 금융시스템의 대외취약성은 상당히 개선됐지만, 잠재 취약성은 여전히 존재한다. **한국은 아시아에서 가장 개방된 경제이지만 자본유출입 변동성 및 외화조달 리스크에 노출돼 있다. 당국의 꼬리위험(tail risk)에 대한 컨틴전시 플랜이 요구되는 여전히 취약한 경제구조 때문이다**[아시아투데이, 윤광원 기자, 2012.6.12.].

42. 한국의 고도성장은 고용증대효과를 동반하지 못했다.

2007년 우리나라의 경제 성장률은 경제협력개발기구(OECD) 회원국 중에서 상위권이었지만 고용률 증가폭은 다른 나라에 비해 크게 뒤진다. 한국경제도 고용 없는 성장이 심화되고 있다. OECD에 따르면 지난해 우리나라의 국내총생산(GDP) 증가율은 5%로 OECD 29개 회원국(그리스 제외) 중 5번째로 높았다. 슬로바키아(10.4%), 폴란드(6.7%), 체코(6.6%), 아일랜드(5.3%) 등은 우리나라보다 높은 성장률을 기록했다. 그러나 호주(4.5%), 룩셈부르크(4.5%), 터키(4.5%), 핀란드(4.4%), 스페인(3.8%), 오스트리아(3.4%), 영국(3.1%), 벨기에(2.8%), 독일(2.5%), 프랑스(2.2%), 미국(2.2%),일본(2.1%), 이탈리아(1.5%) 등 대부분 회원국은 우리나라에 비해 성장 폭이 작았다. **OECD 회원국 중 상위권에 있는 경제 성장률에도 불구하고 우리나라의 고용률 증가폭은 OECD 평균은 물론 대부분 회원국에 비해서도 뒤쳐진다. 고용 없는 성장이 유달리 심각한 것이다.** 우리나라는 5% 성장을 달성했지만 고용률은 63.9%로 전년인 2006년의 63.8%에 비해 0.1%포인트 상승에 그쳐 사실상 정체 상태다. 우리나라보다 성장률이 높은 나라의 고용률 증가폭은 슬로바키아 1.3%포인트(59.4% → 60.7%), 폴란드 2.5%포인트(54.5% → 57%), 체코 0.8%포인트(65.3% → 66.1%), 아일랜드 0.8%포인트(68.2% → 69%) 등으로 우리나라에 비해 고용률 상승 폭이 컸다. 독일·네덜란드(1.7%포인트), 오스트리아·벨기에(1.2%포인트), 스페인·핀란드(0.9%포인트), 스위스·호주·캐나다·일본(0.7%포인트), 프랑스(0.6%포인트) 등 우리나라에 비해 성장률이 낮은 선진국들도 고용률 증가폭은 우리나라를 웃돌았다. 다만 룩셈부르크는 고용률은 2006년 63.6%에서 지난해 63%로 0.6%포인트 하락했고, 미국·영국(-0.2%포인트), 포르투갈·터키(-0.1%포인트) 등도 같은 기간 고용률이 낮아진 것으로 나타났다. OECD 회원국의 평균은 0.4%포인트(66.2% → 66.6%) 상승했다.

우리나라의 경우 경제 성장률 1%는 5만7천~6만9만천개의 일자리를 창출하는 것으로 추정하고 있다. 따라서 경제가 5% 성장했다면 일자리는 28만~35만개 가량이 늘어야 하지만 고용 없는 성장으로 인해 경제 성장 = 일자리 창출이라는 공식이 무너진 것으로 보고 있다. 경제 성장률이 유사한 국가 간에도 경제 성장 외적 요인으로 인해 고용 성과는 상이할 수 있는 점을 고려한다지만 우리나라는 제조업의 고용이 지속적으로 감소하는 가운데 서비스업의 일자리도 크게 늘어나지 못하는 경제구조로 인해 경제는 성장해도 일자리는 늘지 않는다[일간신문, 2008.9.9./경제개발협력기구].

거시 경제적으로 볼 때 경제가 지속적으로 성장하면 실업이 꾸준히 줄어들고 고용이 늘어나야 하지만 한국경제는 특히 2000년대 들어 성장속도가 느려지면서 고용사정이 개선되지 않고 있다. **우리나라 경제활동 가능 인구 중 그냥 쉬거나 가사, 육아, 연로 등을 이유로 경제활동을 하지 않는 고학력 인구가 300만 명에 이른다.** 지난 1분기 말 비경제활동인구 1639만2000명 가운데 전문대 이상의 고학력 졸업자는 295만2000명에 이른다. 전문대 이상 비경제활동인구는 1분기 기준으로 10년 전에는 164만4000명이었으나 2004년(206만2000명)에 200만 명을 넘어섰고, 지난 2007~2010년에는 각각 234만9000명, 256만8000명, 275만명, 285만9000명 등으로 늘었다. 총 비경제활동인구 중 전문대 이상 비경제활동인구 비중은 2001년 11.21%에서 2007~2010년 15.35%, 16.49%, 17.09%, 17.59%에 이어 올해 1분기에는 18.01%로 상승했다. 특히 전체 비경제활동인구가 지난 10년 사이 11.7% 증가하는 동안 고졸, 중졸, 초등학교졸업 이하의 비경제활동인구는 미미한 변화를 보인 반면, 전문대 졸업 이상 비경제 활동인구는 79.5% 늘어 전체 비경 인구 증가를 주도했다.

전문대 졸업 이상의 경제활동 참가율도 지난 1분기 76.8%로 역대 최저 수준으로 하락했다. 이는 대학졸업자가 양산되고 학력 인플레가 심화된데 따른 요인도 있지만, 고령화와 고용률이 좀처럼 개선되지 않는 고용구조도 작용한 점도 있다. 고용률이 외환위기 때 60%선이 무너졌다가 지난 2002년 잠시 60%선을 회복했으나, 지금은 58%대까지 떨어졌다. 한편 대졸 이상 경제활동인구(취업자+실업자)는 1분기 기준으로 2001년 559만9000명에서 올해는 977만5000명까지 늘어나, 1000만 명 돌파를 앞두고 있다[통계청, 아시아투데이, 2011.4.18].

과거 진보정부 때 인위적 경기부양 대신 체질 강화에 초점을 맞추고, 카드 사태 이후 성장보다 복지에 중점을 두면서 성장률이 상대적으로 낮아진 것으로 보수정부는 진단한다. 앞으로 노동 가능인구가 줄면 잠재성장률이 계속 떨어질 것으로 예측한다. 따라서 경제정책은 저출산 고령화 대책이 필수적이다. 그 대비책으로 투자활성화, 생산성 향상 등 경제 전반의 효율성을 높이기 위한 방안이 절실하다. 이러한 진단과 처방은 이미 과거 정부 때부터 있었다. 가장 중요한 것은 일관된 정부정책과 장기적이고 전 방위적인 중장기 대책을 유지하는 것이다.

한국의 경제성장은 세계경제(OECD)의 평균에도 못 미치는 성장속도가 계속될 것이다. 정부가 바뀔 때마다 뒤 짚어 엎고 물갈이 하는 경제정책이 되풀이 되는 한, 소수 재벌그룹의 수출주도와 경제성장주도가 항구적으로 유지되는 한, 고도기술집약적이고 아이디어를 창출하는 세계적인 명품 중소기업 중심의 경제구조로 개편되지 않는 한, 창의적인 교육과 독창적인 기술개발이 뒤받침 되지 않는 한, 한국경제는 저성장 궤도를 이어갈 것이다. 이런 저성장이 계속되면 청년실업의 획기적인 감소와 지속적인 고용 증대도 기대하기 어렵다.

한국 실업률은 2011년 11월 기준 3.1%로 OECD 34개 회원국 중 가장 낮다. OECD 평균 실업률보다 5.1%포인트나 낮았다. 스페인은 22.9%이고 아일랜드(14.6%), 슬로바키아(13.5%), 포르투갈(13.2%), 헝가리(10.7%), 폴란드(10.0%) 등도 10%대의 높은 실업률이다. OECD 회원국 가운데 실업률이 낮은 국가로는 오스트리아(4.0%)이고 미국, 일본, 영국, 프랑스, 독일, 이탈리아, 캐나다 등 서방 선진 7개국(G7)의 11월 평균 실업률은 7.5%, 유럽연합(EU) 9.8%, 유로존(유로화 사용 17개국) 10.3%다. OECD 회원국 34개 국가의 11월 현재 전체 실업자는 4460만 명으로 2010년 11월보다 180만 명이나 줄었다. 금융위기 직전인 2007년 11월보다는 1380만 명 많다[세계파이낸스, 2012.1.22./OECD 실업통계].

43. 한국 경제의 낮은 고용창출

종사자수가 10인 이상이면서 3년간 연평균 고용증가율 20% 이상을 달성한 기업을 고성장기업으로 분류하고 4년의 분석기간(2004~2007년) 동안 우리나라의 고성장기업 비중이 경제협력개발기구(OECD)에 비해 월등히 높지만 일자리 창출 기여도는 상대적으로 낮았다. 이는 국내의 고성장기업 대부분이 20인 미만 소규모 기업이면서 업력도 5년 미만의 신생 기업인 것으로 풀이한다. 한국 기업 4만3024개 중 고성장기업은 전체의 6.7%인 2872개로 나타났다. 이들 고성장기업은 해당 기간의 신규 일자리 28만9143개 가운데 35.2%인 10만1803개를 창출했다. 특히 고성장기업들은 이 기간 연평균 12개의 신규 일자리를 만들어 3.5개인 일반 성장기업에 비해 약 3.5배 많은 일자리를 제공했다[광공업조사통계보고서]. 반면 OECD 회원국 가운데 고성장기업 비중이 높은 미국(2005년 5.0%, 2006년 5.8%)이나 캐나다(2005년 4.1%, 2006년 4.2%)도 국내의 고성장기업 비율(6.7%)보다 낮았다. 다만 이탈리아의 경우 2005년 당시 2.0%였던 고성장기업 비중이 2006년에 8.0%로 크게 증가했다. 덴마크나 핀란드는 고성장기업이 1%대, 네덜란드와 스페인은 2%대였다. 우리나라는 전체 고성장기업 중 20인 미만 업체 비중이 83.7%로 절대적으로 많고 창업 5년 미만의 신생고성장기업 비중도 약 40%에 이르러 이들 기업의 신규 일자리 창출 기여도가 다른 나라에 비해 낮을 수밖에 없었다. 영국의 경우 6%의 고성장기업이 2005년부터 2008년 사이 신규 일자리의 54%를 담당한 것[출처: NESTA, 2009]으로 나타났고 미국은 1% 미만의 고성장기업이 2000~2006년에 새로 창출된 일자리의 74%를 제공한 것[출처: Kunkle, 2010]으로 파악됐다. 소규모 고성장기업보다는 50인 이상의 중규모이면서 업력이 좀 된 고성장기업들이 신규 일자리의 창출 효과가 컸다[파이낸셜뉴스, 2011.9.30, 중소기업연구원; 한국과 OECD 회원국의 고성장기업].

우리 국민들은 지난 65년 동안 높은 경제성장 덕분에 가난을 벗어났다고 생각하지만 물가불안, 일자리문제, 교육비문제, 등록금문제, 주택문제, 결혼문제 등에서 심각한 스트레스를 받고 있다. 2008년 이명박 정부 출범 이후 3년의 연평균 성장률은 2.9%에 불과하다. 2010년 6% 경제성장 한 것은 착시현상으로 볼 수 있다. 지난 3년간의 2.9% 성장 뒤에 정부채무와 국채발행 및 공기업채무를 합친 공적채무가 무려 340조원이나 폭증했다. 한 마디로 돈을 빌려서 흥청망청 쓴 공공지출로 2.9% 성장한 것이다. 340조나 되는 국가 빚을 내 연평균 2.9% 성장했다. 따라서 양적 성장은 사실상 멈춰있거나 다름없다. 다시 말해서 민간부문의 자력에 의한 성장은 마이너스 성장에 그친 것이다. 정부와 공기업들은 별로 사업성이 없는 사업들을 벌이면서 340조나 되는 빚을 쏟아 부은 덕에 그나마 연평균 2.9%를 성장을 한 것이다. 지난 3년간 2.9% 성장하는 동안 물가, 일자리, 교육비, 등록금, 주택 등 민생부담은 가중되었다. 지난 성장률이 낮은 것은 글로벌 경제위기가 작용한 탓도 있지만 한국경제의 대외의존도 탓이 더 크다. 한국은 수출로 벌어먹고 사는 나라이기 때문에 그런 부분이 더 크다. 문제는 340조나 되는 돈을 쏟아 부으면서도 민생경제는 심각한 이중구조에 시달리고 있다는 점이다. 민간경제 활동이 생기를 잃었다. 공적부문에서 계속 빚을 투입하지 않으면 자발적인 솟아나기 힘든 악순환이 되풀이 되는 것이다. 한국경제는 공적부채가 늘어나지 않으면 멈추는 악순환 경제구조이다. 이런 경제는 언제든지 국가위기에 빠질 수 있다. 특히 이명박 정부 출범 이후 340조나 되는 빚이 쏟아진 자금은 부동산 거품의 붕괴를 막기 위한 부양책으로 들어온 돈이다. 그렇기 때문에 한국 부동산 시장은 이미 무너졌던 것이다.

지난 3년 동안 천문학적인 돈을 쏟아 부어서 가까스로 부동산 경제를 떠받치고 있지만 여전히 못 잡고 있다. 계속 지금 가라앉고 있다. 거래량도 완전히 소멸되고 있고, 가격 떨어지는 건 막을 수가 없다. 빚을 내서 주택을 구입했던 사람들이 그 빚을 감당을 못해 그걸 피해보려는 일환으로 나온 게 전세가가 올라가는 풍선효과가 나오고 있다. 수출 대기업은 실적이 좋다. 수출이 계속 호조이다. 그러나 그것도 사실은 고환율 덕분이다. 2008년 글로벌 금융위기 전에는 원/달러 환율이 달러 당 930원 전후였다. 그게 1200원, 1300원까지 올라갔다가 최근 1100원, 1050원 수준에서 오락가락하고 있다. 2008년 글로벌 금융위기 이후 달러에 대해서 환율이 이렇게 오른 나라는 한국과 영국 정도뿐이다. 거의 대부분의 나라들은 다 강세를 보였다. 지난 3년의 한국 경제성장은 구조적인 내용상으로 성장이 멈춘 것이나 다름없다. 이런 성장 패턴은 지난 10년 전부터 멈춰 섰다. 부동산도 거품이 꺼질 일만 남았다.

한국은 수출 의존도가 높아 세계 경제의 침체에 크게 타격을 입는 구조다. 내수를 늘려야 하지만 만들어 내기 어려운 구조이다. 국내총생산(GDP) 대비 비 금융부문의 채무비중과 가처분소득 대비 가계채무비율이 높다. 가계의 소득보다 부채가 빠른 속도로 늘고 있다. 그뿐만 아니라 소득 대비 카드 부채 비율도 미국보다 높다. 이런 요인들은 자발적인 내수창출을 가로막는다. 고령화도 내수 확대의 제약요인이다.

고성장을 계속 유지하려면 자동차, 조선, 전자 등 주력산업을 대신할 수 있는 성장산업을 찾아야 한다. 금융, 의료, 유통 등 서비스 분야의 경쟁력을 키워야 한다. 경쟁력 제고는 첨단산업과 국제경쟁력 있는 금융 산업이 나와야 한다. 이를 위해 세계적인 금융회사를 인수해 소유권만 갖고 경영은 외국인에게 맡겨 키우는 것도 한 방법이다. 정부의 경제정책은 구조적 문제 해결에 적극적으로 나서야 한다[연합뉴스,

2011.7.14, 손성원 교수]. 한국은 저출산 및 고령화, 기술변화 가속화, 자원 문제 심화, 선진국의 녹색보호주의 강화 등의 문제 직면하고 있다. 정부의 개혁과제는 △감세 △서비스산업 선진화 △녹색성장 경제구조로의 전환 △신성장동력 육성 △한-미 자유무역협정비준 △대중소기업 동반성장 등이다. 감세와 관련해서는 세율을 낮게, 세원을 넓게 가져가야 한다. 2009년 법을 고쳐서 법인세 인하 원칙을 지키는 것이 일관성, 예측 가능성 면에서 바람직하며 기업이 투자계획을 세우는 데도 도움이 된다. 우리나라의 금융 등 서비스는 제조업과 비교할 때 생산성 대비 임금이 높다. 미국과 일본 등 선진국과 비교해서도 생산성 대비 임금수준이 높다[아시아투데이, 2011.7.23].

44. 한국경제는 장기 저성장이 지속될 가능성이 높다.

한국경제는 장기 저성장에 빠질 이유는 무엇일까? 경제가 성숙기에 접어들면 경제성장률이 추세적으로 둔화하기 마련이다. 우리나라는 2000년대 이후 성장 둔화 속도가 지나치게 빠른데다 성장 내용마저 악화하고 있다. 홍콩, 싱가포르 등 동아시아 신흥시장국가들 보다 성장률이 낮은데다 성장 내용도 투자 소비 등 내수부진 현상이 과거 선진국에 비해 현저하게 크게 나타나고 있다.

장기 저성장을 가져온 경제적, 비경제적 요인은 무엇인가?

1. 한국 경제의 성장 동력이 정보기술 등 일부 산업에의 집중으로 경제의 불안정한 변동성이 높다.
2. 한국경제의 주요 주력산업들은 모두 재벌이 쥐고 있어 수요 창출의 원천인 서민으로부터의 소득 증가가 재벌지배 시장에 의해 결정되고 제한받는 상황에서 노동자들은 수동적인 위치에 있다.

3. 우리 경제가 초고령사회로 진입하였고 저출산이 지속되면서 생산가능인구가 활용되지 못하는 산업구조의 결함과 경직된 경제생활조건을 안고 있기 때문이다.
4. 현재 한국의 경제발전 상황은 심각히 왜곡된 국토공간개발로 인해 심각한 인구집중이 소수 지역에 편중돼 있다. 왜곡된 경제구조는 시장수요와 공급의 양 측면이 자생적으로 발육하기 어려운 장애물을 낳고 있다. 수요와 생산 공급의 유기적인 연관성이 단절돼 있거나 부단히 왜곡시키는 구조적인 상태이다. 이러한 여려 요인 때문에 **한국 경제는 저성장할 가능성이 높고 이것이 장기간 계속되면서 덩치 큰 중국의 경제발전수준보다 뒤로 처지거나 일본 등 주요 선진국과의 발전 격차도 더 벌어지는 함정에 빠질 수 있다. 국가 경쟁력이 장기간 중위권에 머물게 되면 성장 약화는 더욱 가중시킬 수 있다. 이 같은 답보상태를 가능한 빨리 털어내고 다시 재도약하기 위해서는 설비투자와 인적자본의 질적 개선을 통해 기술진보를 실현할 있는 역량 확충에 총력을 기울여야 한다.** 시장과 금융에 창의적인 경쟁정신을 불어 넣어 성장잠재력을 높이는 근원적인 처방이 따라야 한다. 창조적인 인간개발과 창의적인 교육이 받쳐 주는 기술진보와 기술축적이 이루어질 때만이 스위스, 벨기에, 네덜란드, 덴마크 등과 같이 작지만 강한 강소대국으로서의 대한민국으로 태어날 수 있다. 그 때만이 비로써 한국은 미래의 초강국이 될 중국과 일본 및 러시아, 미국 사이에서 독보적인 존재로 우뚝 설 수 있다.

45. 한국 경제는 정상에 다다른 지금 어디로 가야하나?

1953년 한국동란이 휩쓸고 간 이후 7년이 지난 1960년도 한국전쟁의 후유증에 앓고 있었던 남한은 세계에서 가장 가난한 국가들 중 하나였다. 전쟁 직후 피폐했던 한국경제는 빈궁과 가난이 지배했다. 그러나 2011년 말 한국은 PPP(구매력 평가) 기준으로 3만 1천750달러의 1인당 GDP를 기록해 평균 PPP가 3만 1천550달러인 EU보다 보다 부유해질 것이며 현재까지 대규모 개발 원조를 받은 수혜국가 중에서 한 세대 내에 부유하게 된 나라는 한국이 유일하다. 또한, 대부분의 가난한 국가들에게 한국은 발전 모델로 삼기에 가장 적합한 나라이며 단순히 빠른 성장만이 아니라, 성장과 민주주의의 결합을 이뤄냈다는 점에 주목한다.

더구나 세 번의 위기 속에서도 한국경제는 재빨리 극복했고 더욱 빛을 발했다는 점이다. 최근의 대표적인 케이스로 한국 경제가 세계

금융위기 기간 동안 타격을 받았지만, 세계의 다른 어떤 부유한 국가들보다 빠르게 회복한 점이다. 위기 속에서도 2010년 한국의 GDP는 6% 가량 성장했고 2011년 성장률은 4%가 될 것으로 전망된다. 실업률은 현재 다른 국가들이 부러워하는 수준인 3%다. 또한 한국은 미국의 생활수준을 상당히 많이 따라 잡았고 중국의 1인당 GDP는 한국이 달성한 수준에 도달하려면 향후 20년 동안 연간 7.5~8% 이상 꾸준히 상승해야 한다.

이와 같이 급속한 한국경제 성장을 주도한 기업들은 주로 재벌계열 수출기업들이다. 한국이 일궈낸 기적의 대부분은 수출기업, 즉 재벌의 업적이었다. 한국의 재벌기업들이 기술적, 상업적으로 한국 경제의 가장 진보적인 요원들이었다[캘리포니아 버클리대의 배리 아이켄그린 교수]. 특히 삼성그룹 계열사인 삼성전자가 스마트폰 판매에 있어서 애플을 앞지르고 있다. 또한 현대자동차의 경우 믿을 수 있고 효율적이며 저렴한 자동차로 시장에서 도요타를 넘어섰고 한국의 조선기업들은 규모의 경제를 통해 업계의 경쟁자들을 모두 능가하고 있다. 이러한 **한국의 대기업들은 국가 전체의 노동력 중 25% 정도를 고용하고 있으며 국가 산업 생산의 50% 이상을 차지하고 있다.** IMF 위기에서 살아남은 재벌들은 그 강건함을 증명했으며 수익성을 회복하고 부채비율을 현저히 낮췄다. 그러나 한국의 재벌기업들이 국민경제 성장에 크게 기여했다는 것을 부인할 수 없음에도 불구하고 재벌기업들이 양산한 부정적인 그늘이 한국경제에 깊게 드리우고 있다. 특히 재벌기업들이 불투명한

회계, 불법 정치자금 등에 연루된 경우가 일상화되다시피 매일 터져 나오고 있다. 과거와 절연하지 않고 지금도 여전히 성행하고 있다. 또한 많은 대기업들이 창업자와 창업자 가족에 과다하게 의존하는 후진적인 기업경영 행태를 벗어나지 못하고 있다.

이제 한국의 경제성장이 세계적인 시각에서 볼 때 정상에 올라왔다고 보며 새로운 전략이 필요할 때에 도달했다. **1960년에서 2010년 이르는 기간 한국의 경제성장 모델이 개발도상국들에게 모범사례임에는 분명하지만 한국 스스로는 이제 새로운 전략을 구사해야 하지 않으면 구미 선진국과 같은 질 높은 삶의 수준은 요원한 거리감을 두는 수밖에 없다.** 특히 한국의 발전모델에서 찾아 볼 수 있는 4가지 특징 즉 생산성 높은 노동인력, 강력한 대기업, 상대적으로 약한 중소기업, 그리고 높은 사회적 결속력이 있지만 이제 이러한 특성들은 한계에 와 있으며 재평가 받아야할 시점이다. 먼저 시급히 극복해야할 문제점으로는 2천200시간에 달하는 연간 노동시간, GDP 대비 높은 교육비 비율, 산업 관련 기술교육의 퇴보, 여성 사회참여율의 저조 등이다. 물론 이러한 문제점들이 한국이 이뤄낸 성취나 장점의 지속 가능성을 가려서는 안 되겠지만 긴급히 극복되어야할 과제임에는 틀림없다. 불평등과 가난을 줄이기 위해 공공 지출을 다소 늘리고, 더 많은 여성들이 일을 하도록 장려함으로써 노동 공급을 확대할 필요성이 있다. 대기업들의 기업지배구조와 경영행태가 경쟁시장촉진적인 방향으로 전환되어야 한다. 창의적인 교육 수준과 부지런함을 유지할 수 있다면, 유럽을 앞지르고 미국을 따라잡는데 우월한 위치에 서게 될 수 있다. 가장 가난했던 나라가 최고의 발전모델로 성장한 한국의 경제성장은 외부인들에게는 성공의 본보기이다. 이제 한국은 경제선진국을 거의 따라잡았으며, 향후에는 발전을 위해 접근법을 달리해야만 한다[파이낸셜타임즈/데일리안, 2011.11.15].

46. 한국경제는 성장의 한계에 도달했다.

2008년 이후 세계경제는 낮은 인플레이션의 안정기는 지났다. 또한 기후변화의 여파로 식품가격 상승이 구조화되어 가고 있으며 신재생 에너지로의 전환이 느리게 진행되고 화석연료 고갈 우려까지 겹치면서 비용 상승(cost-push) 유발 인플레이션 압박이 상존하고 있다. 여기다 각국 경제상황을 보면 글로벌 금융위기를 가져왔던 많은 부채가 민간부채에서 정부부채로 형태만 바뀌어가며 또 다시 세계경제에 커다란 부담을 주는 상황이 전개되고 있을 뿐만 아니라 세계경제가 저성장 구조로 고착화되어 가고 있다.

한국 경제는 21세기에 들어서 선진국 진입 여부를 판가름할 수 있는 중대한 기로에 서 있다. **우리 경제가 성숙단계에 접어들었고 중국, 인도 등 대량생산체제에 더 유리한 나라들이 부상하면서 생산요소의 대량 물량투입을 통한 성장은 한계에 도달했다.** 특히 저출산·고령화가 빠르게 진행되고 있는 만큼 장기적인 노동공급 여력이 위축될 수 있다. 이런 상황에 미리 대비하기 위해서 창의와 기술혁신을 창출하는 고급인력 양성을 통한 질적 성장으로의 전환이 시급하다. 한국경제가 2008년 리먼 사태 때보다는 양호하지만 글로벌 경기둔화로 인한 수출부진, 주가하락, 원화가치 절하, 국채 가격 하락 등으로 어려움을 겪고 있다. 특히 가계부채 문제가 한국의 경제성장에 장애가 될 수 있다[르 몽드, 재경일보, 2011.10.13].

개방경제 국가로서 원자재와 에너지를 수입에 의존하는 아시아 4대 경제 대국인 한국이 성장하기 위해서는 상품을 수출해야 하는데 세계 금융시장 위기와 미국·유럽의 주문 감소로 크게 혼란을 겪고 있다. 또 한국이 주가 하락과 달러 대비 원화 가치 절하, 국채 가격 하락 등의 '3대 쓰나미'로 인해 2008년 금융위기 때보다는 덜 위험하지만 경제성장 면에서는 그 당시와 비슷한 타격을 입고 있다. 한국은행이 원화 가치를 지키려고 외환시장에 개입해 2.8%의 외환보유액을 소진했으나 별 효과를 거두지 못했다. 그러나 한국 금융당국은 현재 외화보유액이 2008년 리먼 사태 때와 비슷한 수준으로 위기에 충분히 대응할 수준이라고 주장하고 있다.

외국 투자자들이 한국에서 보유지분을 줄이는 가운데 저축률도 2.8%로 경제협력개발기구(OECD) 회원국 평균 6.1%에 비해 크게 낮다. 특히 다른 나라들보다 높은 가계부채 문제는 구조적인 문제로 한국의 경제성장에 큰 장애물이다. 한국 금융당국이 근저당 대출의 85%나 되는 가계부채가 늘어나는 것을 막기 위해 기준금리를 인상하는 것을 주저하는 등 인플레보다는 세계 경제의 둔화가 국내 경제에 미치는 부정적인 효과에 더욱 신경을 쓰고 있다[르 몽드, 재경일보, 2011. 10.13].

세계 경제가 2011년 하반기 사실상 위기 국면에 진입했으며 극심한 불안이 지속되고 있다. 부도 위험에 노출된 국가 범위가 2008년 글로벌 금융 위기 때보다 커졌다. 미국 투자은행 리먼브러더스가 파산 신청을 한 2008년 9월 15일과 미국 국가신용등급이 강등된 2011년 8월 5일 이후 각각 7주간의 주요국 신용부도스와프(CDS) 프리미엄에서 나타났다[서울신문, 2011.9.26].

리먼 사태 당시 우리나라와 신흥국인 중국, 브라질은 CDS 프리미엄 자체도 선진국과 비교해 높았지만 변동성이 심했다. 한국의 경우 파산 신청 당일 158bp(1bp=0.01%)에서 699bp까지 치솟았다가 7주 만인 2008년 11월 2일에는 308bp를 기록했다. 중국은 같은 기간 71bp에서 164bp를 거쳐 276bp까지 올라갔고, 브라질은 201bp에서 333bp까지 상승했고 한때 586bp를 기록했다.

CDS 프리미엄은 국가의 부도 가능성을 보여주는 지표로 수치가 높을수록 국가 신용도가 나빠져 국외채권 발행 시 비용이 많이 든다. 2008년 글로벌 금융 위기 당시 우리나라와 신흥국은 부도 가능성 자체가 높았을 뿐만 아니라 시장의 움직임에 쉽게 휘둘렸다. 이번에는 다르다. CDS프리미엄 상승이 유로존의 트리플A 국가로까지 확대돼 프랑스의 CDS프리미엄은 200bp 안팎을 기록하고 일본, 영국, 독일의 경우도 이미 100bp 안팎으로 크게 올랐다. 또 대부분의 국가들이 시장의 움직임에 민감하게 반응하면서 비슷한 패턴으로 진행되고 있다. 2008년과 달리 선진국, 비선진국 할 것 없이 부도 위험에 똑같이 노출돼 있다. 이탈리아, 그리스 등 신용불량 국가를 제외하면 주요국의 최근 CDS프리미엄 상승 속도가 2008년보다 느림에도 체감은 그때 못지않게 심각하다.

한편 한국의 CDS 프리미엄은 지난 23일 뉴욕시장에서 202bp로 프랑스의 197bp보다 5bp 높았다. 한국이 205bp로 프랑스 202bp를 추월한 22일보다 프리미엄 격차가 더 벌어졌다. 프랑스는 그리스가 파산했을 때 큰 피해를 볼 수 있다는 우려 때문에 위기 국가로 분류됐다. 지난 21일까지 프랑스의 CDS 프리미엄은 한국보다 대체로 20~30bp 높았다. 하지만 금융시장이 크게 흔들리면서 최근 한국 부도 위험이 커졌다. 최근 원·달러 환율은 3년 전 리먼브러더스 파산 당시보다 더 가파르게 올라가고 주가 폭락 사태도 그때보다 오히려 심각하다. 선진국 재정 위기에 따른 한국 경제의 충격이 예상보다 훨씬 크고 장기간 진행될 수 있다는 신호이다. 투자자들의 심리를 반영한 공포지수는 최근 3년 중 최고치를 기록했다. 각종 적색 신호를 보면 제2의 리먼 사태가 재현될 조짐이 사실상 현실화되고 있다[서울신문, 2011.9.26].

미국의 더블딥(이중침체) 우려와 유럽 국가들의 채무 문제 등 대외적 불확실성이 지속되면서 대외의존도가 큰 우리나라는 상당한 출렁거렸다. 2012년 우리나라의 경제성장률이 전기 대비 3%대로 떨어질 것이라는 전망이다. 거의 모든 연구기관들이 우리나라 경제성장률 전망을 하향 조정하며 지난 2009년 2월 이후 31개월째 지속해온 확장국면에 변화가 생길 수 있음을 점쳤다. 현재의 경기순환국면인 제10순환의 경기저점('기준순환일'이자 제10순환의 시작점)을 2009년 2월로 잠정설정한 상황이다. 국내 경기가 31개월째 확장국면에 있으며 3개월만 더하면 외환위기 이후 최장기간이 된다[통계청]. 그러나 대외적 불확실성이 점증되면서 확장국면이 꺾일 가능성이 높다. 현재 5~6개월 전보다 하방위험이 커지고 있고 장기간 저성장이 지속될 것으로 전망한다[세계파이낸스, 2011.9.25].

2011년과 2012년 세계경제 성장률이 각각 4%에 그치고 세계 경제가 새로운 위험 국면에 진입할 것이다. 4% 성장률은 지난해 성장률 5.1%에 크게 못 미치는 수준이고 지난 6월 전망했던 올 성장률 예상치 4.3%보다도 낮다. 미국의 올 성장률은 1.5%, 내년 역시 1.8%수준일 것이다. 세계 경제가 더딘 회복세를 이어갈 것이고 미국과 유럽은 다시 경기침체에 빠질 위험 요인들이 산적해 있다. 재정위기를 겪는 유로 지역은 올해 1.6%에서 내년엔 1.1%로 낮아질 것이다. 유가는 올해 평균 103.2달러로 6월에 예측한 106.3달러보다 떨어질 것이다. IMF는 주요국들에 종합적이고 과감한 행동에 나설 것을 촉구했다. 유럽연합(EU)에게는 유로권 채무위기를 억제하기 위해 신속한 처방을 내려줄 것을 촉구했다. 유로회원국들은 장기 재정건전성을 확보한다는 약속을 이행하고, ECB는 위기가 지속될 경우 금리를 더 떨어뜨릴 것을 권고했다.

미국에 대해서는 재정적자 감축을 위해 재정지출을 삭감하더라도 경기회복세를 해칠 만큼 너무 허리띠를 졸라매지는 말 것을 주문했다. 급속한 재정 감축은 부채를 더 지속가능한 수준으로 줄이는데 필요한 장기 구조개혁 달성 가능성을 더 낮출 수 있다고 본다. 미 연방준비제도(Fed)는 경제여건이 악화할 경우 추가 부양책을 준비해야 할 것이다. 2008년 금융위기와 경기침체에서 회복세로 돌아섰던 세계 경제는 올 상반기 잇단 충격에 노출됐다면서 일본 대지진과 쓰나미 여파로 세계 공급 망이 타격을 받고, 아랍의 봄은 유가 상승으로 이어졌다.

그러나 이 같은 일시적 충격을 거친 뒤 세계 경제는 주요국들의 장기적인 재정적자 문제라는 더 근본적인 문제에 직면하게 됐다. 위기가 강타한 선진국 경제가 직면한 구조적 문제는 예상했던 것보다 더 까다롭고, 해결을 위한 구조개혁을 시행하는 것은 그보다 더 복잡한 문제로 보고 있다. 그러나 신흥시장은 위험이 높아지고는 있지만 앞으로도 힘찬 성장세를 지속할 것이다. 중국은 올해 9.5% 성장세를 보일 것이지만 내년 성장률은 해외 수요 감소와 경착륙 억제를 위한 중국 정부의 긴축 조치로 인해 9%에 그칠 것이다[국제통화기금(IMF); 반기 세계 경제전망 보고서(WEO), 파이낸셜뉴스, 2011.9.21].

2011년 한국의 실질 국내총생산(GDP) 증가율이 4.0%에 그치고 물가상승률은 4.5%에 이를 것이다. 지난 6월 전망치 4.5%에서 3개월 만에 0.5%포인트 낮춰 잡은 것이다. 올해 한국의 소비자물가 상승률은 0.2%포인트 올려 잡은 4.5%로 전망했다. 선진국은 민간의 수요 회복세가 지연되는 가운데 국가채무 누적에 의한 금융시장 불안이 예상보다 심화되고 있고 신흥국 경제는 확장세이기는 하지만 불확실성이 커지고 있다[IMF, 세계경제전망(World Economic Outlook)중앙일보, 2011.9.21.].

47. 한국의 수출주도형 경제성장을 어떻게 평가할 것인가?

2011년 12월 현재 우리나라 무역이 1조 달러를 달성했다. 정부의 공식 보도 자료다, 한국은 1962년 세계 수출 순위 104위에서 2011년 7위로 수출은 1만 배 증가하고, 무역순위는 65위에서 9위로 무역규모는 2000배 증가했다. 분명 한강의 기적이다. 세계에서 유래를 찾기 힘든 초고속 성장을 달성한 자랑스러운 대한민국 역사의 한 장면임에 틀림없다. 그런데도 국민들은 축하는커녕 즐거워하는 사람들의 모습이 보이지 않는다. 소비자에게 주는 피해는 아랑곳하지 않고 고환율을 고집했던 강만수 산업은행장(전 기획재정부장관)이나 최중경 전 지식경제부장관의 모습을 떠올리면, 아마 어느 술자리에서 자신들의 업적인 양 자랑하고 있을 그들의 모습을 상상하면 결코 즐겁지 않다. 그 1조 달러가 저들의 배만 불리고 있는 현실을 생각하면 더욱 그렇다. 저들이 어떤 의미로 수출 1조 달러를 기념하는지 모르겠지만, 난 잊혀진 숨은 일꾼들을 떠올렸다. 그 동안 한국경제는 수출주도형 고도성장을 줄기차게 끌고 오면서 재벌은 오히려 강고한 지위를 확보해 갔다. **국내 대부분의 산업은 독과점 대기업이 지배하는 구조로 변했고, 인적 물적 자원은 재벌에게 집중되었다.** 재벌의 과잉투자로 외환위기를 맞아 수많은 노동자가 실업자로 전락하고 자영업자들이 몰락했음에도 재벌은 정부의 특혜를 받아 승승장구 부를 축적해 갔다. **문어발식 기업 확장을 전 산업 영역에 걸쳐 그야말로 거대한 그룹으로 성장해 왔다.** 기업은 막대한 이윤을 얻었지만, 고용도 늘지 않고 임금도 높아지지 않았다. 근로자는 잊혀졌다. 단가 후려치기와 기술 빼먹기 등을 통해 빨대를 들이대고 중소기업의 이윤을 뽑아갔다. 중소기업도 잊혀졌다. 고환율, 고물가 정책으로 소비자는 피해를 입었다. **국내에서 생산된 전자제품, 자동차의 국내 가격이 외국보다 비싼 어처구니없는 일이 당연시되었다. 소비자는 잊혀졌다.** 부실 신용카드 회사를 살리느라 부당한 높은 수수료를 자영업자에게 전가했다. 자영업자는 잊혀졌다. 자유무역협정(FTA) 한다고 농민들은 거들떠보지도 않았다. 농민들도 잊혀졌다. 쇠고기 시장 개방도 밀어붙였다. 축산농민들도 잊혀졌다. 부자들과 투기꾼들, 건설업자들에게는 막대한 특혜를 주고서 복지를 늘리는 것은 망국병이라고 반대했다. 끝까지 무상급식을 반대했다. 대학등록금 낮추는 것도 포퓰리즘이라고 비아냥댔다. 서민들과 그 자식들도 잊혀졌다. 재벌의 딸과 며느리들을 먹여 살리자고 빵집, 치킨 집, 피자집이 피해를 입었다. 우리 모두가 잊혀진 사람들이 되었다[프레시안, 2011.12.9].

노동력에 의존해 사는 국민들 대다수 근로가계들은 수출을 많이 해 국가공적에 기여했다는 대기업에 내 지분이 있다고 본다. 수천만의 노동가계들이 예금한 통장으로 들어온 자금을 모아서 재벌에게 싼 이자에 빌려주었다고 생각하기 때문이다. 따라서 국민들은 대기업에도 일정 지분을 갖고 있다고 생각하는 것이다.

재벌은 사업다각화하고 덩치를 키우며 성장하기 위해 살기 힘든 시절에는 무지하게 노동권을 묵살했다. 그 열악한 노동조건하에서도 남자들은 가족들 끼니 걱정을 해야 했기에 나서지도 못했다. 도시 노동자들의 생계가 어렵게 되면서 저미가 정책을 취했다. 다시 농민들도 어려워졌다. 그 모든 것은 재벌을 위한 것이었다.

재벌들은 은행에서 낮은 금리로 특혜 대출을 받아 땅을 사들였다. 채권이나 주식을 발행해 자금을 마련하는 것도 모두 그들은 유리했다. 정부는 그들을 위해 다시 돈을 풀었고, 인플레이션으로 도시 노동자들은 타격을 입었지만 재벌들과 투기꾼들은 일약 거부가 되었다. 복부인들의 활개치고 다니는 한쪽 편에서는 평생을 열심히 땀 흘려 노력해도 아파트 한 채 살 수 없는 세상이 되었다. **한국 경제 기적의 역사는 저임금, 저미가, 고물가 정책에 의해 국민들에 희생을 강요한 역사다.**

그런데 이제 저들은 말한다. 이제 경제가 살만해졌고 공업도 어느 정도 수준에 올라와 있으니 시장경제질서와 시장논리에 따라야 한다고 말한다. 시장경제원리에 따르면 나에게는 재벌에게 지분을 요구할 아무런 권리가 없다고 말한다. 재벌에게 사회적 책임을 요구할 권리가 없다고 말한다. 함께 잘 살아보자고 외칠 권리도 없다고 한다. 재벌들이 잘 나서 성장했다고 말한다. 우리의 희생은 기록에서 사라졌다. 우린 잊혀진 사람들이 되었다. 그리곤 다시 박정희식 개발연대 방식의 성장을 해야 한다는 이명박, 강만수, 최중경이 나타났다. 여전히 재벌을 지원해야 경제가 성장한다고 말한다. 복지와 성장은 같이 갈 수 없다고 말한다. 머리는 똑똑 해도 지혜가 없는 그런 인물들이 한국 세상을 판치는 그런 나라가 돼서 안 된다[홍종학 경원대 교수; onscar@pressian.com]. 한국의 수출주도형 경제성장을 우리는 어떻게 평가할 것인가? 총체적으로 국민경제의 성장과정을 되돌아 볼 필요가 있다.

48. 왜곡된 한국 경제구조

한국경제를 이끌고 가는 대표적인 기업들인 삼성 · 엘지[LG] · 현대차 · 에스케이[SK] 4대 그룹의 매출액은 2010년 463조원에 이른다. 4년 전인 2007년 말보다 63%나 급증했다. 금융위기 여파에도 전체 상장사 평균 매출증가율(44%)을 크게 웃도는 성장이다. 하지만 사업 확대와 인수합병으로 덩치가 커진 만큼 일자리도 많이 늘었을까? 대답은 그렇지 않다. 이게 한국 현실이고 구조적 결함이며 병폐이다. 4대 그룹의 지난해 말 임직원 수는 50만4000명이다. 4년 전보다 5만8854명, 13.2% 늘었다. 매출 신장세에 견줘 5분의 1 수준이다. 그룹별로는, 삼성이 7.8%, 현대차가 12.3%, 엘지가 33.7% 증가했다. 에스케이는 6.2% 줄었다. **재벌 그룹의 매출이 아무리 늘어도 고용은 좀체 늘지 않는다는 고용 없는 성장의 좋은 사례다. 재벌 그룹의 비대화는 오히려 고용의 80% 이상을 책임지는 중소기업의 입지를 좁히면서 청년실업과 양극화를 부채질하기도 한다.** 이런 구조이기에 한국경제는 성장이 될수록 기업 활동에서도 노동의 수급활동에서도 원천적으로 경쟁 질서를 가로막는 구덩이를 파고 가고 있는 것이다.

4대 그룹이 국내 경제에서 차지하는 비중은 부가가치 기준으로 20% 안팎에 이른다. 그러나 고용의 규모는 전체 2424만4000명의 2.1%에 불과하다. 4대 그룹이 신규로 만들어내는 일자리도 100명 중 5.9명에 그친다. 4대 그룹의 경제력은 급속히 커지고 있지만 그에 상응하는 고용 창출 효과는 나타나지 않고 있는 것이다.

새로운 정부가 출범할 때나 경기가 어려우면 대통령은 주요 그룹 총수들을 불러 청와대에서 만난다. 대통령은 지배구조의 투명성과 경제상황을 이야기하고 협조를 구한다. 이럴 때마다 총수들은 회동 전 또는 후 투자와 고용 계획을 앞 다퉈 발표한다. 재벌 그룹들은 해마다 대규모 투자 · 고용 계획을 내놓고 전경련이 이를 취합해 발표하는 관행이 반복된다. 대통령과 재벌 총수와의 만남이 이뤄질 때마다 총수들이 투자와 고용 확대를 '선물'하는 모습도 재연된다. 전경련은 지난해에도 30대 그룹의 신규채용이 12만4000명, 투자규모는 114조8000억원에 이른다고 발표했다. 하지만 이런 발표대로 가시적인 효과는 있었는가? 전경련이 발표한 연간 고용규모는 우리나라 전체 연간 신규 취업자 수의 25~30%에 이른다. 실제 채용 규모는 발표된 수치의 절반에도 미치지 않는다. 투자 활성화를 명분으로 권력이 재벌과 손을 잡는 명분만 제공했을 뿐이다.

재벌그룹들은 최근 몇 년 동안 끊임없이 투자와 고용 창출을 외쳐왔다. 그러나 실제 고용의 87.7%는 중소기업(자영업 포함)에서 일어나고 있다는 사실이다. 300인 이상 대기업의 고용은 전체의 12.3%에 불과하다. 이 가운데 4대 그룹 고용은 2.1%로 축소된다. 대기업, 특히 재벌기업으로의 경제력 집중이 가속화하고 있지만 이들의 일자리 창출 여력은 갈수록 줄어들고 있는 것이다. 한국은행 통계를 보면, 국내 산업의 매출 10억 원당 평균 고용인원(취업유발계수)은 8.7명이지만, 30대 그룹의 취업유발계수는 1.03명에 불과하다.

경제성장만이 국민을 먹여 살릴 수 있다는 성장 획일주의적인 보수주의자들은 대기업의 투자 확대가 고용을 늘리고 성장률을 높인다는 패러다임에 갇혀 있다. 그러나 우리나라 재벌 그룹은 국내시장을 독과점으로 수익원을 확보하고 동시에 글로벌 생산·판매 시스템을 갖춘 수출 제조업으로 확장하는 방식을 취하고 있다. 따라서 이들의 덩치가 커지고 생산성이 향상될수록 고용 흡수력은 반비례해 떨어지는 구조를 띠고 있다. 상대적으로 고용 창출 여력이 큰 중소 제조업과 서비스업은 십 수 년째 말로만 육성일 뿐 정책의 구조적인 한계에 부디 칠 수밖에 없다. 실제로 중소기업의 입지는 갈수록 좁아지고 있다. 재벌 계열 대기업들의 순이익률이 상승하고 있는 것과 달리 중소기업의 순이익률은 하락하고 있는 것이다. 2000년대 초만 해도 중소기업의 순이익률은 3%대로 대기업보다 높았다. 그러나 2004년을 정점(4.31%)으로 급격히 하락하기 시작해 2010년에는 1.77%로 떨어졌다. 반면 대기업은 2000년 1.13%에서 2006년 5%대로 올라선 뒤 줄곧 비슷한 수준을 유지하고 있다. 대기업과 중소기업과의 순이익률 격차가 세 배 이상 벌어졌다. 특히 경기가 나쁠 때는 중소기업의 이익 하락폭이, 경기 회복기에는 대기업의 이익 상승폭이 더 커지는 구조가 고착화 되고 있다. 중소기업의 위축과 몰락은 그대로 고용 악화로 이어진다. 재벌그룹의 팽창과 비대화가 단순히 '고용 없는 성장'에 그치지 않고 사회양극화와 청년실업의 핵심 요인으로 작용하고 있다. 특히 재벌그룹들이 사업장을 국외로 이전하면서 이런 현상은 가속화하고 있다. 삼성전자는 매출의 80%가 국외에서 발생하는 상황에서 시설투자는 국외 위주가 불가피하다고 한다. 국외투자는 현지 일자리를 늘릴 뿐 국내 고용과는 관련이 없다.

재벌 그룹의 수직계열화 체제도 중소기업 처지를 어렵게 만들고 전체 고용의 양과 질을 옥죄는 주된 요인이 되고 있다. 국내 대기업의 발주 관행은 상위 한두 협력사에 대부분의 물량을 몰아주는 집중배분 방식이다. 생산 물량을 몰아주는 대가로 단가를 더 낮추겠다는 셈법이다. 이 경우 탈락업체의 고용 감소는 물론이고, 계약업체 역시 납품단가 인하에 따른 수익률 감소로 인건비 부담이 커지게 된다. 2차 협력사에게는 물량 증가로 외형은 늘었지만 수익률은 떨어져 비용 구조조정 압력은 더 심하다. 직원들의 노동 강도는 높아지는데 급여를 더 늘려주기 힘든 상황으로 몰리고 있다. 대기업 위주의 고용시장이 고착화하면서, 제조업의 고용 창출 능력이 떨어지는 것은 물론 광범위한 사내 하청 등 고용의 질 또한 급격히 나빠지고 있는 것이다[한겨레, 2012.2.13].

49. 한국은 지속적 발전이 가능한가?

2000년대 들어 두 번의 글로벌 위기를 겪으면서 우리 경제도 어려웠지만 밖에서는 여전히 한국경제를 모범적인 발전국가의 모델로 평가하고 있다. 한국경제의 모범적인 발전에 대해 경제학자들은 수출주도형 경제모델에서, 또는 정부주도형 경제모델에서, 아니면 높은 교육열이나 세계경제의 흐름을 정확하게 포착하고 이를 성장전략에 접목시킨 안목에서 그 원인을 찾고 있다. 1960년대에 정부에서 수출 진흥을 정책목표로 삼았지만 막상 수출상품을 생산할 자본의 축적 수준은 취약했다. 이를 타개해 준 것은 월남파병이었다. 전쟁특수를 통해 벌어들인 달러벌이 수출전략이었고 동시에 자본집적 기회의 호기였다. 70년대 중화학공업화가 의욕적으로 출범되었지만 곧이어 닥친 석유위기로 국가부도의 위기로까지 몰렸을 때 이를 해결해 준 것은 중동진출에서 벌어들인 오일달러였고 생산시설 자본조달을 가능케 했다. 90년대 이후 우리 경제의 성장 동력은 냉선 종식과 함께 찾아 온 중국특수의 기회이었다. 중국의 산업화에 필요한 기술집약적 부품과 소재의 수출로 중국과 동반성장하는 기회를 활용하고 있다.

이 모든 것의 공통점은 위기가 와도 불굴 정신을 놓지 않고 위기 뒤에 가려져 있는 기회의 요인을 적극적으로 이용했다는 사실이다. 민관이 곧 바로 기회를 놓치지 않고 적극 대응했다는 사실이다. 미국의 파병요청에 적극적인 우호증진의 정신으로 화답하며 우리 군의 국제화와 경제원조 확대의 계기로 삼았고 석유위기가 닥칠 때에는 그 위기에도 불구하고 경제침체의 늪을 재빠르게 빠져나오는 전화위복의 기회로 유가 급등으로 세계의 부가 중동으로 몰리는 현실에서 찾아냈다. 거대한 중국의 경제발전이 추격해 오고 있지만 중국의 경제발전과 함께 동반 성장하는 호기를 놓치지 않는 전략을 활용했다.

최근 들어서 선진국의 경제발전이 흔들거리고 있다. 파생상품 등 금융거래에 수반되는 리스크가 겉으로 드러나지 않게 포장됐다가 일시에 폭발한 위기가 수습되지 못한 채, 미국의 과소비와 유럽의 재정적자로 부채가 누적된 만성적 위기까지 겹치는 자본주의 위기론까지 거론되는 실정이다. 그동안 미국 등 세계적인 영향력을 가진 선진국에서는 특히 산업경쟁력을 상실하게 되자 중국 등 개도국에 해외투자를 해서 그 과실에 의존하는 금융자본주의로 옮겨갔다. 그럼에도 과거의 영화가 몸에 배어 버는 것보다 쓰는 것이 더 많은 생활을 계속한 결과 빚이 누적됐다. 이를 해결하려면 그 동안 최고의 복지수준을 향유했던 미국은 소비를 줄여야 하고 세계에서 가장 잘 복제 네트워크를 갖춘 유럽 국가들은 이제 저성장으로 높은 복지수준을 어느 정도 줄어야 한다는 길 밖에 없다. 이런 국내외 경제사정으로 볼 때 앞으로 우리 수출이 줄어들 수밖에 없으므로 우리 경제가 난관을 헤쳐 나가기가 쉽지 않을 것이다.

그러나 중국 등 신흥개도국들은 이미 산업화의 궤도에 들어서 자체적인 성장이 가능해졌고 또 수출둔화가 일어날 경우 내수기반을 확대하려는 정책을 펴게 될 것이다. 이들 국가가 당면한 문제는 산업화가 진행되고 있음에도 그에 걸맞은 수준으로 도시화가 추진되지 못하고 있다는 점이다. **급격하게 도시의 인구팽창은 일어났지만 에너지, 교통, 환경, 의료 등 정상적인 도시생활을 가능하게 할 인프라가 부족하다. 따라서 아마도 신흥 개도국 정부들이 내수확대를 편다면 도시 인프라 확충에 집중될 것이 틀림없다.** 원전, 고속철 등과 같이 도시 인프라 중에는 높은 기술지식으로 인해 개도국이 자체 조달하기 어렵고 선진국으로부터 상당 부분 수입할 것이다. 상품시장 수출에서는 개도국들의 경쟁력이 높아지고 있지만 도시 인프라 시장은 선진국의 몫이 되고 있다. 위기를 맞을 때마다 빨리빨리 문화 덕분에 재빠른 동작으로 기회를 놓치지 않는 것이 한국인이다. 아직도 고도기술 국가는 못 되지만 개도국 중에는 제조업 강국인 한국이 도시 인프라의 설계와 운영에 필요한 서비스산업을 육성시키고 현지진출의 어려움을 두려워하지 않는 도전정신을 발휘한다면 앞으로의 성장이 한국에게 기회를 더 한 번 줄지 모른다[이투데이, 2011.10.28.].

50. 파행적인 한국경제구조가 안정적 고성장을 가로 막는다.

한국경제도 이제 연간 무역규모 1조 달러대에 도달했다. 우리나라에 앞서 무역 규모 1조 달러 돌파한 국가는 8개국에 불과한데다 이들 국가가 대부분 국민소득 4만 달러 수준의 경제대국이 됐다. 하지만 부품·소재산업과 서비스 분야의 수출 경쟁력 약세, 소수 주력품목 위주의 수출 구조 등 해결해야 할 구조적 문제점도 많다. 우리나라의 무역규모는 1960년대 매년 22%, 1970년대에는 30%씩 성장하면서 1988년 1천억 달러, 2005년 5천억 달러를 각각 넘어서는 고속성장을 거듭했다. 수출 지향 형 경제성장 정책에 힘입어 1964년 1억 달러에 불과했던 수출액은 1971년 10억 달러, 1977년 100억 달러, 1995년 1천억 달러 돌파했으며, 올해에는 세계에서 8번째로 5천억 달러를 넘어섰다. 이에 따라 우리나라의 수출액 세계 순위는 1964년 72위에서 작년 7위로 뛰어올랐고, 무역액 순위는 같은 기간 56위에서 9위로 상승했다. 우리나라의 무역 의존도는 1980년 31.7%에서 2010년

84.6%로 높아진 것에서도 알 수 있듯 무역은 우리나라 경제 성장의 견인차였다. 특히 2000~2011년 수출의 경제성장 기여율은 평균 67.9%에 달했고, 이에 힘입어 세계시장 점유율은 2006년 2.7%에서 2010년 3.1%로 높아졌다.

수출이 외환위기와 석유파동 등 경제위기 극복에 기여했다. 외환위기 전인 1993~1997년 무역수지는 470억 달러 적자였으나 1998~2002년에는 944억 달러 흑자를 기록했고, 1차 석유파동 이후인 1973~1976년에는 중동으로의 수출이 매년 100% 넘게 성장하면서 무역수지 적자가 축소됐다. 규모가 불면서 수출 품목의 세대교체도 이뤄졌다. 1970년대에는 전체 수출액의 40%에 달한 섬유류를 비롯해 합판(11.8%), 가발(10.8%) 등이 수출을 주도했지만 2000년대 들어서면서 선박, 반도체, 휴대전화, 자동차 등이 수출을 이끄는 주력 품목으로 올라섰다. 최대 수출시장도 다변화됐다. 미국에서 2003년 이후부터 중국으로 바뀌었고 신흥국 수출 비중이 점차 높아지고 있다.

그 동안 수출이 경이로운 경제성장을 가져왔지만 해외의존도는 날로 심화되면서 당장 해외경제가 침체되면 우리 수출에 금방 악재로 돌변하는 냄비경제로 구조화됐다. 최근 재정위기에 빠진 유럽연합(EU)으로의 수출은 지난 1~10월 5.5% 감소한 반면 수입은 22.0% 늘었다. 중국, 인도, 브라질과 같은 초대형 신흥시장의 고속성장 덕분으로 한국 무역 1조 달러 달성을 견인하는 데 기여했지만 선진국 경제

침체를 딛고서 무역 2조 달러 시대로 가려면 멕시코, 인도네시아와 같은 신흥시장으로 진출을 넓히는 등 수출시장 다변화부터 노력해야 한다. 부품 · 소재산업의 경쟁력에 밀린 고질적 대일 무역역조도 구조적인 문제점이다. 이는 수입 의존적 수출구조의 전형이며 한국경제의 한계이기도 하다. 이를 극복할 수 있는 해결책은 부품 · 소재 산업 육성을 통한 주요 부품 국산화밖에 없다. 상품에 대비되는 서비스 분야의 취약한 수출경쟁력, 소수 주력품목 위주의 수출 구조, 대기업과 비교되는 중소기업의 수출 경쟁력 열세 등도 난제 중의 난제이다. 우리나라의 상품 수출은 세계 7위인 반면 서비스 수출은 15위에 머물고 있으며, 서비스 무역의 비중은 17.8%로 미국(21.2%)과 독일(18.8%)에 비해 낮은 수준이다. 또 선박, 석유제품, 반도체, 자동차, 휴대전화 등 상위 10대 품목이 우리나라 수출에서 차지하는 비중이 50%를 넘어 다른 국가에 비해 월등히 높은 수준이다. 소수 주력품목 수출구조는 대내외 환경의 영향으로 이들 품목이 동시에 하락기조로 접어들 경우 총 수출이 급감할 수 있는 취약점이 있다. **수출구조의 취약성은 수출경제 및 수출기업의 불안을 야기함으로서 국민경제 전체를 흔들 수 있다. 소수 품목 집중도를 낮추기 위해서는 기술력과 창의력을 갖춘 수출 강소기업을 다양한 분야에서 육성해야 한다**[연합뉴스, 2011.12.5.].

한국경제성장 모델과 발전전략의 수정은 거대한 중국의 발전전략에서 찾을 수 있다. 졸릭 세계은행 총재는 올해 말 중국 지도부 교체를 앞둔 시점에서 중대한 경제 보고서를 통해 중국의 경제 관료들에게 충고하고 있다. 중국이 빠른 경제 성장세를 유지하기 위해서는 경제적, 정치적인 개혁에 나서야만 한다. 개혁에 나서지 않는다면 향후 20년 안에 경제성장률이 반 토막 날 수 있다. 중국이 정부의 경제 개입은 물론 사회적 불평등성까지 전반적으로 개혁하지 않는다면 '중진국의 덫(middle-income trap)'에 빠지는 위협에 직면해있다. 중국은 발전 과정에 있어서 전환점에 직면했다고 볼 수 있으며 중국 지도자들도 현재 나타난 경제성장과정의 부작용을 알고 있듯이 중국이 지금까지 추구해 온 성장 모델은 지속가능한 성장모델이 될 수 없다. **지난 30년간 연 평균 10%의 성장을 달성하면서 중국은 세계 2위 경제 대국으로 급부상했고 세계 최대 수출국으로 자리매김했다. 하지만 지나치게 수출이나 투자 중심의 경제 성장 모델에 의존하면서 최근 들어 성장 동력을 잃어가고 있는 모습이다.** 중국 정부가 점진적으로 개혁에 나서 경제에 충격을 주는 요소들을 없애더라도 오는 2021년까지 연 평균 경제성장률 5.9%, 2026년까지는 5%대로 낮아질 것이다. 물론 이렇게 낮은 성장률을 유지하더라도 2030년까지는 중국이 미국을 제치고 세계 최대 경제국에 오를 것이다. 또한 전 세계 경제에 미치는 영향력 역시 지난 1870년대 영국과 1945년 미국과 동등한 수준까지 커질 것이다. 그러나 중국 정부가 긴급하게 필요한 개혁을 연기하는 것은 미래 경제위기 가능성을 높여줄 것이다[이데일리 안혜신 기자, 2012.2.28./세계은행;중국 2030 보고서].

한국도 중국의 고성장 못지않게 1965년 이후 1990년대까지 고도성장을 유지했다. 그러나 2000년대 이후 성장률이 크게 떨어지고 고성장에 따른 각종 부작용이 복합적이고 누적적인 양상으로 발생하며 쌓여가는 형국이다. 거대한 중국의 경제력을 앞서가고 조그마한 스위스, 벨기에, 덴마크처럼 작지만 강한 경쟁력을 가진 대국들을 따라잡기 위해서는 지금까지 걸어온 성장방식과 성장모델을 완전히 바꾸지 않으면 안 된다. 특히 한국이 북한경제를 떠 맡아야하고 미국, 러시아, 중국, 일본의 4대 강국 속에서 독자적인 힘을 행사할 수 있으려면 지금까지 해온 방식 그대로 하듯 이명박 정부가 하는 방식을 쫓아가면 한국경제발전수준은 질적인 내용면에서 선진국 문턱에 수십 년 아니 수백 년 동안 지속될 수 있다. 한국의 경제성장 모델과 발전전략은 이제 근본적으로 바꾸어야 한다. 지도자와 경제 당당 관료들의 사고방식과 발전전략 기획도 완전히 바꾸어야 한다.

51. 소득분배의 악화와 왜곡구조는 지속적인 경제성장의 장애물이다.

2010년 국내총생산(GDP)이 6% 대 성장했고 2011년에도 4.5% 대 성장이 예상한다. **국민 1인당 소득규모도 2만 달러를 넘어섰다. 그러나 계층별 소득분배는 경제성장과 함께 경제발전이 고도화되어 갈수록 악화되고 있다.** 상위 20% 자영업자의 소득은 해마다 늘어나고 있다. 반면 하위 20%의 소득은 갈수록 줄고 있다. 상위 20% 소득자의 1인당 소득금액은 1999년 5800만원에서 2009년 9000만원으로 10년 새 55%나 늘었다. 하지만 하위 20% 소득자의 1인당 소득금액은 같은 기간 306만원에서 199만원으로 54% 급감했다.

이 같은 현상은 부자감세 정책에 있다. 감세정책 이후 고소득층의 경상조세 부담은 확 줄어들었나. 반면 저소득층은 간접세가 늘었다. 조세 부담이 증가한 것이다. 이로 인해 저소득층의 소득 수준이 줄어든 가장 큰 요인이다. 전체 소득금액 중 계층별로 차지하는 비율을 보면, 외환위기 이후 소득의 양극화는 더욱 커졌다. 2009년 총 소득금액은 90조2257억 원이었고 이중 상위 20%가 가져간 소득금액은 64조4203억 원으로 무려 71.4%에 달한다. 사실상 소득의 대부분을 차지한다.

하위 20%는 1.6%의 소득밖에 벌지 못했다. 양극화 현상은 개인사업자뿐만 아니라 월급을 받는 직장인에서도 마찬가지다. 2009년 근로소득세를 납부한 연말정산자의 총 급여액은 315조7363억 원이었다.

이중 상위 20% 소득자의 급여액은 131조1652억 원으로, 총 급여액의 41.6%를 차지했다. 상위 20%가 소득의 절반 가까이 가져갔다. 반면 하위 20% 소득자의 급여액은 25조2242억 원으로, 총 급여액의 8%에 불과하다. 상위 20%의 소득이 갈수록 높아지고 있다[뉴스토마토, 2011.4.25, 국세청 종합소득세 신고자].

월급쟁이 상위 20%가 차지하는 소득은 2005년 38.6%에서 2009년 41.6%로 증가했다. 4년 새 3%포인트 높아졌다. 개인사업자 상위 20%의 소득 비율도 1999년 63.4%에서 2009년 71.4%로 증가했다. 10년 새 무려 8%포인트 높아졌다. 고령화, 산업화 사회가 더욱 확대되면서 전문직종의 월급은 더욱 많아졌다. 따라서 2010년 소득불평등을 나타낸 지니계수가 완화된 것은 일시적인 현상일 것이라고 진단한다[통계청].

이와 같은 **소득 불균형 현상이 악화되는 이유는 수출 대기업 위주의 경제성장과 중소기업의 경쟁력 약화, 대기업의 영역 확장과 자영업자의 몰락 등이 복합적으로 작용하면서 소득격차가 더 늘어났다고 볼 수 있다.** 양극화를 완화하기 위해서는 복지 그물망을 넓히고 소득 이전을 하는 것이 필요하다. 부동산 관련 세금 등을 올려 방식으로 양극화의 심화를 막을 수 있다. 종합소득세는 사업, 부동산임대, 이자 등 여러 소득을 합쳐 과세하는 세금으로, 자영업자 등 개인사업자가 신고자의 대부분을 차지한다. 종합소득세원의 철저한 파악도 정부당국이 해야 할 중대한 임무이다.

52. 서민들의 경제생활은 팍팍해지고 있다.

세전 120만원 월급쟁이 40대 여성의 경우, 세금, 국민연금, 의료보험료로 약 10만원, 대출받은 월세보증금 이자로 4만원, 친·인척 경조사에 10만원을 뺀 나머지 100만원이 채 안 되는 돈으로 월세, 아이들 학비, 식료품비, 교통비, 공공요금을 모두 해결해야 한다. 지난 3분기의 경우, 전체 소득에서 세금, 국민연금, 건강보험, 은행대출 이자와 같은 비소비지출이 차지하는 비중이 역대 가장 높았다. 특히 소득이 가장 적은 계층의 비소비지출 비중이 가장 컸다. 지난 3분기 월평균 가계소득에서 비소비지출이 차지하는 비중은 19.15%로 관련통계를 작성하기 시작한 2003년 이래 가장 높았다. 가계가 1000원을 벌어 191원을 소비와는 관계없는 일에 사용하는 셈이다. 특히 소득하위 20%인 1분위계층의 비소비지출 비중은 21%로 가장 높았다. 1분위계층은 한 달에 평균 121만원을 벌어 이 중 25만4178원을 비소비지출로 떼였다. 소득상위 20%인 5분위의 비소비지출 비중이 20.33%로 뒤를 이었고, 4분위 18.78%, 3분위 17.81%, 2분위 17.33% 등의 순으로 나타났다. 1분위계층의 소득이 가장 적은데 여기서 세금 등으로 떼 가는 비중은 제일 큰 것이다. 1분위계층의 비소비지출 증가율은 전년 동기대비 7.19%로 소득 증가율 6.95%보다 컸다. 1분위계층의 소득 중 경상조세(세금)가 차지하는 비율은 3.76%(4만5502원)로 역대 최대를 기록했다. 소득 중 이자비용이 차지하는 비율은 2.48%로 3분위의 2.63%에 이어 두 번째를 차지했다. 또 의료보험 등 사회보험지출 비중은 3.06%로, 경조사 비용 등 가구 간 이전지출 비중은 6.72%로 각각 계층 중 가장 컸다[기획재정부/통계청/세계일보, 2011.11.28.].

53. 분배국민소득의 격차 확대는 성장의 한계를 빨리 불러온다.

2015년이면 우리나라 1인당 국민소득이 3만 달러가 될 것이라고 한다. 과연 국민소득이 2만 달러를 넘어서 3만 달러가 된다는데도 내 주머니 사정은 늘 팍팍한 것일까? 언뜻 계산해도 그렇다. 1인당 연소득 2만 달러씩 3인 가족이면 6만 달러가 된다. 우리 돈으로 7200만원인데 우리나라 가구당 평균소득이 7200만원이나 된다고 하면 누가 믿을까? 도대체 저 많던 국민소득을 누가 다 먹었을까.

앞에서 들먹거리는 국민소득이란 기초적인 개념부터 묻자. 국민소득이란 게 도대체 뭐냐? 말 그대로 국민들의 소득이 국민소득이다. 우리 국민들이 한 해 동안 생산한 제품(최종제품)과 서비스를 돈으로 표시한 후 다 더해서 나온 숫자가 국내총생산(GDP)인데 2010년 기준으로 1173조 원어치이다. 이걸 결국 누군가에게 팔아서 돈으로 만들었을 테니 국민들이 벌어들인 소득도 1173조원이다. 그걸 전체 인구로 나누면 1인당 벌어들인 소득이 나오는데 그걸 1인당 국민소득이라고 한다. 다시 말해서 우리나라의 1인당 국민소득은 우리나라의 GDP를 인구 숫자로 나눈 소득개념인데 이 1인당 국민소득이 2015년이 되면 3만 달러가 된다는 이야기이다[IMF, 이데일리, 2011.10.19].

이걸 우리 돈으로 환산하면 국민소득이 2만 달러이면 우리 돈으로는 2400만원이고, 4인 가족이면 9600만원이 되는 데 왜 우리 집 식구는 4명인데 우리 집 수입은 9600만원이 안 되냐는 거냐고 보통사람들은 물을 수밖에 없다. 나머지 돈이 도대체 어디로 간 거냐고 물을 수밖에 없다.

정부 당국자가 자랑스럽게 우리나라 1인당 국민소득 숫자가 발표할 때 마다 전 국민이 갖게 되는 의아스럽게 생각하는 미스테리가 바로 그거다. 작년에 전국 1만 가구를 대상으로 조사를 해 봤더니 1가구에는 평균 3명이 살고 1가구의 평균 가처분 소득은 3770만원이라는 조사결과가 나왔다. 물론 이 조사결과는 1만 가구를 대상으로 설문조사를 한 결과이다. 이런 설문조사의 경우 부유층에서 소득을 줄여서 답변하는 경향이 있다. 그러니까 실제 평균 소득은 이것보다는 더 된다고 가정해야 한다는 의미이다.

그러나 거기(3700만원)에 조금 더 보태더라도 1인당 국민소득 2만 달러와는 거리가 멀다. 1인당 GDP가 2만 달러면 한사람이 2200만원씩 벌었다는 거니까 3인가구면 6600만원을 벌었어야 되는데(작년 환율 기준) 왜 3770만원밖에 못 벌었냐 하는 궁금증은 여전히 남을 수 있다. 요약하면 한 가구당 약 3000만원 가까운 돈은 누가 가져간 것이냐 하는 건데. 실제로 국민소득 통계를 보면 전체 국내총생산(GDP)가운데 개인들에게 돌아가는 몫은 2010년의 경우 63%밖에 안 됐다. 계산해보면 3인 가족 기준으로 약 4100만원이다. 이쯤이면 실제 설문조사 통계와 거의 비슷한 수치가 나온다.

그렇다면 나머지 돈, 즉 전체 국민총소득 가운데 개인들에게 분배된 63%를 제외한 나머지 돈은 누구에게 간 것일까? 누가 가져간 것일까? 하는 의문이 들지 않을 수 없다. 나머지 돈은 대부분 정부와 기업들 금고에 들어갔다. 2010년 기준으로 정부가 23%, 기업이 14%를 가져갔다. 이 비율은 매년 바뀐다. 최근 추이는 기업들이 가져가는 비중이 조금씩 늘어나고 있다는 거다. 우리나라의 전체 가처분소득 가운데 개인들에게 돌아가는 몫의 비율이 1990년에 74%에서 최근 63%로 줄었다. 실제로도 우리가 회사 다니면서 번 돈은 일단 회사 금고에 들어갔다가 임금형태로 우리한테 들어오는데 우리가 회사에서 번 돈을 모두 월급으로 주거나 주주들에게 배당해버리고 손을 털지는 않는다. 기업들이 금고에 돈을 쌓아놓고 투자를 안하면 안할수록 국민소득 통계와 실제 호주머니 소득이 차이가 나게 된다.

전체 국내총생산(GDP) 중에 개인들의 몫으로 돌아가는 비율, 이게 높을수록 분배가 공정하다고 볼 수 있는데 이런 분배소득을 경제학에서는 기능적 분배소득이라고 부른다. 전체 국내총생산(GDP) 중에 개인들의 몫으로 돌아가는 비율은 나라마다 다르다. 우리나라는 어느 정도 수준인가?

전체 국내총생산 가운데 근로자들에게 임금의 형태로 배분되는 돈의 비율을 노동소득분배율이라고 하는데 그 통계지표를 비교하면 근로자들 몫이 얼마나 되는 지 알 수 있다. **작년 우리나라의 노동소득분배율은 59.2%로 전년보다 1.7%p 하락해서 2004년 이후 6년 만에 최저치가 됐다.** 국민소득 중에 60%만 근로자들에게 월급으로 돌아가고 나머지는 기업과 정부 부문으로 들어간다. **일본 미국 독일 등 선진국들은 70%대의 노동소득분배율을 기록하고 있다. 우리나라의 자영업자 비율은 2002년 기준으로 34%에 이른다.** 전체 취업자 가운데 66%만이 임금근로자이며 이들에게 분배되는 소득이 전체 GDP의 58.2%를 차지한다. 이 수치를 노동소득분배율이라고 한다. 다른 나라들과 비교해 비교적 낮은 이 수치는 노동계에서 임금인상을 요구할 때 근거로 제시되는 자료 가운데 하나다.

그런데 우리나라 1인당 국민소득이 2015년에 3만 달러가 된다는 건 어떤 근거로 나온 수치인가? 지금 국민소득이 2만 달러인데 매년 평균 4%씩 경제성장을 한다고 하면 2015년에는 3만 달러가 된다는 것이다. 2015년이면 5년 후인데 4%씩 성장해서 어떻게 5년 만에 2만 달러가 3만 달러로 껑충 뛰어오를까 싶겠지만 매년 4%의 경제성장률은 물가를 감안한 실질경제성장률이다. 즉 물가는 연 3%가 오르는 가운데 경제성장률이 4%를 기록했다면 실제 GDP는 7%만큼 성장했다는 의미다. 100만원어치를 생산하던 사람은 1년 후에 104만원어치를 생산하고 (4% 경제성장) 104만원 가치의 상품이 1년간 물가가 3% 오르는 바람에 이제는 약 107만원에 거래되는 것이다. 이 경우 명목경제성장률은 7% 정도가 나온다. 매년 7~8%의 명목경제성장률을 기록한다면 1인당 국민소득은 약 5년 후 지금보다 50% 정도 늘어난 3만 달러가 된다는 것이 IMF 예측이다. 우리나라 정부는 이보다 1년 빠른 2014년에 1인당 국민소득이 3만 달러가 될 것으로 낙관하고 있다.

우리나라가 국민소득이 2만 달러가 된 것이 2007년인데 약 8년 만에 3만 달러가 되는 셈이다. 국민소득 2만 달러대에서 3만 달러로 증가하는데 소요되는 기간은 독일이 4년, 일본이 5년, 이탈리아와 캐나다는 15년이 걸렸고 선진 19개국의 평균 소요기간은 8.7년이었다. **1인당 국민소득이 2만 달러이든 3만 달러이든 환율에 따라 달라질 수 있다. 달러로 환산된 국민소득은 환율의 영향을 많이 받는다. 우리나라의 전체 GDP는 2007년에는 1000조원이 못됐지만 2008년 1026조원 2009년에는 1065조 작년에는 1172조원 이렇게 계속 증가했다.** 그런데 환율이 2007년에는 900원대 초반이어서 전체 국민소득은 1000조원이 못되는 돈이었지만 달러로 환산하면 오히려 더 많아져서 당시에 1인당 국민소득이 2만 달러를 넘었고 그 이후로 원화로는 계속 늘었지만 환율이 많이 오르는 바람에 원화가치가 떨어져서 우리가 번 소득을 달러로 환산하면 2만 달러가 채 안됐다. 그러다가 2010년에는 환율이 1100원대로 안정되면서 2만 달러가 넘게 된 것이다. 올해나 내년에 환율이 치솟으면 달러로 환산한 1인당 국민소득은 다시 2만 달러 아래로 갈 수도 있다. 1인당 국민소득이 늘어났는데도 근로자들의 몫은 과연 제대로 분배되고 있는 가하는 문제에 여전히 의문이 멤 돌 수밖에 없다. 작년 우리나라의 노동소득분배율은 59.2%이다. 전체 국민소득 가운데 노동소득(임금)으로 벌어들인 돈의 비율을 나타내는 이 수치는 발표될 때마다 뜨거운 감자로 떠오른다.

선진국들의 노동소득분배율은 약 70% 수준인데 반해 우리나라의 노동소득분배율은 59.2%이므로 우리나라가 근로자들에게 주는 월급이 그만큼 더 짜다는 이야기가 된다. 그러나 재계나 보수주의 계열 인사들이나 경제학자들은 다른 주장을 편다. **우리나라의 노동소득분배율이 낮은 이유는 자영업자가 많은 우리나라의 구조적 특성 때문이라는 것이다.** 구멍가게나 음식점을 경영하는 영세한 자영업자들은 사실상 근로자들과 비슷한 처지이며 이들이 벌어가는 소득도 사실상 근로자들에게 돌아가는 임금과 비슷한 것이지만 이들의 소득은 노동소득으로 잡히지 않고 자영업을 운영하는 기업의 소득으로 분류된다.

그러다보니 전체 국민소득 가운데 임금소득이 차지하는 비율을 계산할 때는 이 자영업자들의 소득이 누락된다는 것이다. 재계에서는 자영업자들이 벌어가는 돈도 사실상 근로자와 비슷한 서민들에게 돌아가는 돈이니 이들의 소득도 모두 반영한 보정노동소득분배율이라는 수치를 따로 구해봐야 한다고 주장한다.

전체 GDP 가운데 임금근로자와 자영업자들에게 돌아가는 돈이 얼마나 되는 지를 비교해야 한다는 것인데 특히 대기업의 이익을 대변하는 이익단체들 즉, **경총 등이 OECD 국가들을 대상으로 지난 95년부터 2004년까지 10년간의 보정노동소득분배율을 조사한 결과 한국은 75.2%로 포르투갈 77.9%에 이어 OECD 국가 중에서 두 번째로 높은 수준인 것으로 나타났다고 보고하고 있다.**

우리나라의 자영업자 비율은 다른 나라들보다 높은 것은 사실이다. 이들을 모두 임금근로자라고 가정하고 이들에게 분배되는 소득까지 모두 더한, 즉 자영업자가 존재하지 않고 자영업자는 모두 임금근로자라고 가정한 후 자영업자들의 소득도 임금소득으로 분류해서 계산한 소득분배율이 보정노동소득분배율이다. 이런 방식으로 계산한 후 다른 나라들과 비교하면 우리나라의 보정노동소득분배율은 상당히 높은 편으로 나타난다는 것이다. 이 수치는 주로 재계에서 노동계의 임금 인상 요구를 반박하는 근거로 활용되기도 한다.

이는 우리나라의 전체 국민소득 가운데 자영업자와 임금근로자들에게 돌아가는 몫은 다른 선진국들에 비해 결코 낮지 않고 오히려 높은 수준이므로 임금 수준을 좀 더 낮춰야 한다는 논리를 편다. 노동소득분배율이라는 같은 통계를 놓고도 이렇게 노동계와 재계의 입장은 서로 상반된 논리로 치열하게 대립하고 있다[IMF, 이데일리, 2011.10.19].

여기서 우리는 한 나라의 통계 집계가 얼마나 중요한 역할을 하는 것인가를 독자들은 체감할 것이다. 또한 국민소득, 환율 등 거시변수들의 개념과 변화가 통계 파악에 얼마나 큰 영향을 미치는가를 쉽게 이해할 수 있을 것이다. 통계를 이용해 경제발전단계가 비슷한 나라들끼리 경제변수들을 비교하는 것이 가장 합리적인 논리를 펼 수 있지만 현실의 통계들은 이를 충족시켜 주지 못하고 있으며 그런 통계 파악도 이루어지지 않고 있다.

한국의 구매력평가(PPP) 환율로 환산한 1인당 국내총생산(GDP)이 2030년에 일본을 넘어서고 2050년에는 미국과 비슷한 수준이 될 것이란 전망이다. ADB 보고서는 한국을 중산층 육성과 지식경제로의 전환 등을 통해 중진국의 함정에서 성공적으로 벗어난 모범국가로 들었다. **한국의 1인당 GDP(PPP 기준)는 2030년 5만6000달러로 일본(5만3000달러)을 추월하고 2050년에는 9만800달러까지 늘어 미국(9만4900달러)과 비슷한 수준이 될 것으로 전망했다**[아시아개발은행ADB; 아시아 2050: 아시아 세기의 실현/ 이투데이, 2011.10.26.]. 한국의 모범사례로는 고등교육 등록률이 95%로 미국(82%)보다 높다는 점과 전체 연구개발(R&D) 지출이 GDP의 3%로 세계에서 가장 높은 수준이라는 점, 캐치-업(catch-up)발전방식에서 벗어나 기업가정신을 통한 기술과 혁신 주도의 경제발전 방식으로 전환한 대표적 국가라는 점 등을 들었다. 또 성공적인 도시개발과 인프라 분야의 공공민간협력(PPP) 활성화를 위한 모범적 법체계를 갖췄다는 점과 에너지 효율성 증진, 혁신적 기술개발과 투자를 통한 기후변화 대응, 지역협력을 위한 주도적 역할 수행 등을 들었다.

하지만 한국은 저출산과 고령화가 급속히 진행되면서 재정의 지속가능성 유지가 주요한 도전과제로 떠올랐고 여성의 경제 · 정치활동에 대한 참여가 부진한 점을 최대 약점으로 곱았다. 아울러 현재와 같은 기후변화 추세가 이어지면 농업 생산이 15% 이상 줄어들 수 있다는 점, 기업의 진입장벽이 여전히 높다는 점, 높은 에너지 수입 의존하고 있는 경제구조적인 문제점, 지역개발의 격심한 불균형 발전을 들 수 있다. 또한 한국을 비롯한 아시아 국가들이 공동으로 준비해야 할 과제로는 △금융안전망 확충과 실물경제 통합을 통한 자생적 성장기반 확충 △기후변화 공동 대응 △국가 간 개발격차 완화 등을 제시했다. 아시아 경제를 흔들어왔던 외부의 금융충격에 대해 든든한 방어벽을 구축해야 하지만 국내경제의 취약점이 먼저 해결되어야 할 점이며 역내 금융안전망인 '치앙마이 이니셔티브 다자화'(CMIM)의 규모 확대와 위기 예방기능 도입 등 보완해야 할 점들이 많다. 또 '금융위기 재발을 방지하기 위한 든든한 금융안전망 구축과 긴밀한 정책 공조 체제 확립, 역외통화 차입에 대한 의존도 축소' 등 다각적 측면에서 역내 금융협력을 발전시켜야 한다. 한국은 개발도상국 가운데 물량과 규모면에서 경제적으로 크게 발전한 모범국가임에는 틀림없다. **그러나 국민들의 삶의 질과 경제구조적인 질적 내용은 구미 선진국수준과 너무 크게 뒤 떨어져 있다는 사실을 한시도 잊어서는 안 된다.**

54. 한국경제는 안정적인 성장을 하였지만 중산층이 감소하고 빈곤층이 급증했다.

중산층은 학문적으로 정립된 개념은 아니지만 통념적으로 사용되는 용어로서 중간 값 소득의 50%~150%에 들어가는 가구를 중산층으로 잡거나(OECD) 또는 소득이 최저 생계비의 2~2.5배인 계층을 말한다. 한국의 중산층은 시장경제가 확산되고 한국식 자본주의가 고도화되면서 중산층이 계속 줄어들고 빈곤층이 늘어나는 경향을 보였다. 1997년 상위층 4.3% 중산층 61.1% 하위층 34.6% / 2005년 상위층 1.0% 중산층 56.0% 하위층 43.0% / 2006년 상위층 1.4% 중산층 53.4% 하위층 45.2%[중앙일보, 2007.1.22./현대경제연구원 조사/통계청 조사]. 우리나라 가구의 순재산 규모는 1~2억 미만이 17.3%로 가장 많았고 2억 이상 가구 13.3%로 나타났다. 평균 순재산 규모는 1억184만 원에 이른다. 전체 가구 중 34.8%는 저축을 전혀 하지 못한 것으로 나타났다. 가구원 중 신용불량자 가구는 7%로 파악됐다. 이자 등 금융소득이 있는 가구는 18.8%에 불과했다[매일경제, 2005.12.15, 서울대 사회복지연구소, 전국

3855가구 조사]. 소득계층별 비중 추이를 보면 중산층이 꾸준히 쪼그라들고 있는 반면 빈곤층이 지속적으로 증가하는 것을 볼 수 있다. 이러한 소득분배의 불평등 추이는 지니계수에서도 확인되고 있다. 지니계수는 1995년 0.332에서 2000년 0.389로 높아졌다.

2008년 물가급등과 경기 침체 여파로 1~4분기 근로자 가구의 흑자 규모가 감소했지만 소득 상위 20% 가구는 사상 최대 규모의 흑자를 냈다. 이에 따라 소득 상위 20% 가구와 나머지 80% 가구의 소득격차가 더욱 벌어졌다. 특히 소득 하위 20% 가구는 2년 만에 최대 규모의 적자를 기록해 소득 양극화가 갈수록 심화됐다. 소득 상위 20% 가구의 월평균 소득은 796만9000원, 지출은 534만7000원으로 262만2000원의 흑자를 냈다. 이는 전분기보다 흑자 규모가 8만3000원 늘어난 것으로, 관련 통계를 작성하기 시작한 2003년 이후 최대 규모의 흑자폭이다. 소득 상위 20% 가구의 지출은 전분기보다 66만원 늘었지만 소득은 그보다 많은 74만4000원 증가했다. 소득 상위 20% 가구의 흑자 규모는 2007년 2·4분기 204만5000원, 3·4분기 229만원, 4·4분기 253만8000원 등으로 경제상황과 관계없이 매분기 늘었다. 그러나 나머지 소득계층에서는 흑자폭이 일제히 감소했다. 중산층으로 분류되는 소득 상위 21~40% 가구의 올해 2·4분기 흑자 규모는 86만8000원으로 전 분기(101만5000원)보다 14만7000원 감소했다. 이 같은 흑자 규모는 소득 상위 20% 가구의 3분의 1에도 못 미치는 것으로 고소득층과 중산층의 소득격차가 그만큼 더 벌어졌다.

소득 상위 41~60% 가구도 물가급등에 따른 지출이 많아지면서 흑자 규모가 47만6000원에 그쳐 전 분기(54만8000원)보다 7만2000원 감소했다. 소득 상위 61~80% 가구는 18만3000원 흑자를 내, 전 분기(28만9000원)보다 10만6000원 줄었다. 특히 소득 하위 20% 가구는 전 분기에는 5만9000원 적자를 냈지만 1·4분기에는 21만8000원으로 적자규모가 4배나 커졌다. 이는 소득이 거의 제자리걸음(132만3000원→132만8000원)을 한 반면 지출(138만2000원→154만6000원)은 대폭 확대된 데 따른 것이다. 적자 규모로는 2006년 1·4분기(24만5000원 적자) 이후 2년 만에 최대다.

저소득층 가구는 비정규직·일용직 근로자들이 대부분이어서 경기 침체기에는 소득 증가가 더디게 마련이다. 2008년 들어 물가가 급등해 저소득층 가구의 식료품·연료비 지출이 큰 폭으로 늘어 적자규모가 커졌다[통계청, 경향신문, 2008.8.19.]. 소득계층 간 소득분배를 통해 보면 고소득층과 저소득층 간의 격차가 크게 벌어졌다. 도시근로자 중분위 소득계층(가계소득계층 10분위 단계에서 4~7분위 소득계층)의 비중은 1999년 상반기 48.7%, 하위계층은 24.8%로 나타났다[한국 통계청]. 소득격차에서도 1999년 상위 계층 20%가 월평균 소득 400만 원 이상인데 반하여 하위 20%계층은 80만 원 선으로 양 계층 간의 소득격차는 5배로 확대되었다. 근로소득 과세표준 계급별로 보면 1999년 전체 근로소득자 수는 939만 명 중에서 1억 원의 고액 연봉자 수는 1만5000명으로 0.3%를 차지하였다[국세청, 조선일보, 2000.12.13].

전체소득 중 하위 소득계층 20%의 점유 비율은 1997년 8.3, 1998년 7.4, 1999년 7.3인 반면 상위계층 20%의 점유 비율은 1997년 37.2, 1998년 39.8, 1999년 40.2로 확대되었다. 소득계층을 전 가구소득 중간 값의 150% 이상인 가구, 중산층은 50~150%사이, 빈곤층은 50% 이하로 분류한 경제협력개발기구(OECD)기준에 따라 조사한 결과에 의하면 빈곤층이 크게 확대되고 고소득층의 소득이 저소득층에 비해 빠르게 증가하였다[한국개발연구원, 중앙일보,2003.2.17].

한국의 소득계층별 비중 추이(단위 : %)

년도	상류층	중산층	빈곤층
1997년	21.8	68.5	9.7
1998년	22.9	65.4	11.7
1999년	23.3	64.7	11.9
2000년	22.0	66.1	11.9
2001년	22.7	65.3	12.0

자료 : KDI(한국개발연구원), 중앙일보, 2003.2.17

최하위 계층은 대부분 식비 주거비 의료비 등에 지출하고 지출의 한계는 대부분 은행차입금 등으로 메우기 때문에 소득이 계속 줄어드는 반면 최상위 계층은 여유자금 등으로 시간이 경과할수록 재산을 불릴 수 있어 소득 및 부의 축적이 더욱 커졌다[매일경제,2000.3.24]. 특히 경제가 어렵고 경기 침체되는 상황에서는 계층간 소득격차가 크게 벌이졌다. 가처분소득에서 소비지출을 제하고 남은 금액인 가계수지에서도 양극화 현상이 두드러졌다. 최상위층은 흑자폭이 대폭 확대되지만 최하위층은 적자폭이 더욱 늘어나고 있다[매일경제신문, 2004.10.16].

도시근로자 최상위와 최하위 계층의 월 소득 격차는 2000년 332만9000원, 2001년 369만9000원, 2002년 387만8000원, 2003년 397만4000원을 나타내고 있다[자료 : 매일경제신문,2004.10.16]. 최상위 20%의 평균소득을 최하위 20%의 평균소득 나눈 값(소득 5분위 배율)이 2000년 5.32에서 2003년 5.22로 줄었다가 경기침체가 계속되면서 2004년 1분기에는 다시 5.70으로 확대되는 모습을 보이는 것이다. 그러나 선진국의 경우 하위 10% 계층에 대한 상위 10% 계층의 임금비율은 1980년과 1999년 사이 독일 2.5/2.5 스웨덴 2.0/2.1 프랑스 3.2/3.2 이탈리아 2.3/2.5 미국 3.8/4.5 영국 2.6/3.3 일본 2.5/2.8을 보임으로서 장기적으로 안정을 유지하거나 개선되는 기미를 보이고 있다는 점이다[매일경제, 2000.12.4].

한국의 소득 불평등은 근로소득보다는 재산소득의 불평등이 훨씬 더 큰 것으로 추정한다. 이는 이자, 배당, 임대료 소득을 합친 재산소득의 불평등은 부의 세습 등 자산소유의 불평등으로 발생하는 재산소득의 심한 편차에 기인하기 때문이다[조선일보,2000.10.24]. 한국의 소득분배는 부동산 가격의 등귀와 부정부패로부터 발생한 음성수입 등 지하경제에서 발생한 수입을 포함하면 빈부격차가 상당한 수준에 이를 것으로 추정한다. 부동산 투기와 부정부패 등의 음성수입을 할 수 있는 사람들은 부유계층과 중산층 이상으로 본다면 빈부격차를 더욱 심화시킬 수 있는 것으로 추정한다. 우리나라는 부동산 소유를 재산증식의 수단으로 삼고 있다는 사실에서도 빈부격차의 원인을 읽을 수 있다. 1988년 부동산 값의 폭등으로 벌어들인 자본이득(capital gain)은 212조원으로 GNP의 1.7배, 1989년에는 314조원으로 GNP의 2.2배, 1990년에는 267조원으로 GNP의 1.6배에 달했다. 정부정책의 최우선 과제는 빈곤층으로의 추락 억제와 중산층 확대이며 이는 집값 안정과 세금 경감 및 일자리 창출이 최우선 과제다.

한국의 고도성장은 선진국에서는 찾아보기 어려울 만큼 긴 시간 일하는 노동가계의 최장 근로시간을 통해 달성됐다. 한국인의 하루 유급 근로시간은 5시간48분으로 일본(6시간16분)에 이어 2위였다. OECD 회원국 평균 유급 근로시간은 4시간37분이다. 무급 근로시간은 한국이 하루 2시간16분으로 가장 적었고, 멕시코가 4시간13분으로 1위를 차지했다. 여기서 유급 근로는 구직활동도 포함한 시간이고, 무급 근로는 가사노동을 포함한 개념이기 남성이 가사를 안 한다는 뜻으로 해석한다. 한국 남성의 가사 참여도가 매우 낮다. 이것은 여전히 가부장적 유습이 강하게 남아 있는 탓으로 보인다. **한국 남성의 하루 평균 가사노동 시간은 1시간에 못 미친다. OECD 국가에서 가장 짧다. 회사에서 일하는 시간이 길고 가사 참여도가 현저히 떨어지는 요인이다.** 만약 가사노동에 대해 보수를 지급한다면, 가사노동은 OECD회원국 평균 국내총생산(GDP)의 3분의 1에 달한 것으로 추정했다. 우리나라는 무급 근로 가치가 GDP의 19% 수준으로 OECD 국가 중 가장 낮다. 반면 가족 형 자영업이 많은 포르투갈(53%)과 가축 형 축산업이 발달한 호주(46%), 뉴질랜드(43%) 등은 무급 근로 비중이 큰 나라다[머니투데이, 2011.9.10].

우리나라 근로자들의 임금 양극화는 경제개발협력기구 회원국 중에서 가장 심각하다. **중간 임금의 3분의 2 이하를 받는 저임금 근로자가 전체 근로자 중에서 차지하는 비중은 한국이 25.4%(2005년)로 OECD 국가 중 가장 높다.** 저임금 근로자의 비중; 미국 24% 캐나다 22.2% 영국 20.7% 아일랜드 17.6% 일본 16.1% 독일 15.8% 뉴질랜드 11.5% 핀란드 7% 스웨덴 16.1%[자료: 기획재정부, OECD, 중앙일보, 2008.7.15]

임금 상위 10% 근로자의 평균 임금은 하위 10% 임금의 4.51배에 달했다. 이 같은 현상은 정규직과 비정규직, 대기업과 중소기업의 임금 격차가 갈수록 벌어진데 기인한다. 이러한 임금격차는 중소기업과 대기업 간 그리고 제조업과 서비스업 간 생산성의 차이에 기인한 것이다. 금융보험업과 운수 창고 통신업 등을 제외한 서비스업은 대체로 생산성이 저조했다[중앙일보, 2008.7.15].

2010년 최저임금을 받는 근로자 중 200만 명이 임금을 제대로 받지 못했다. 이에 따라 발생한 체불임금액은 7142억 원에 이른다. 최저임금 미만으로 월급을 받은 근로자는 198만4000명으로 최저임금 대상자가 220만 명이라는 것을 감안하면 90%로 거의 대부분의 최저임금 대상 노동자들이 제대로 임금을 받지 못하고 있다고 볼 수 있다. 최저임금과의 차액으로 계산한 체불액은 2010년 7142억 원에 달했던 점으로 볼 때 2011년 최저임금이 오르는 점을 감안하면 앞으로의 체불액은 더 늘어나 오는 2016년까지 5년간 5조2000억 원을 넘을 것으로 예상한다[고용부, 세계파이낸스, 2011.9.20]. 한국의 선진국으로 가는 길 다시 말해서 한국의 선진화는 서유럽의 선진국처럼 제대로 임금을 받지 못하는 나라의 오명을 벗어나는 일의 하나라고 생각한다.

최저생계비 인상 폭이 현실을 반영하지 못해 양극화가 심화하고 있다. 2011년 8월 결정된 내년 최저생계비 인상률 3.9%는 빈곤층의 주 소비품목인 식료품·주거비 등이 아닌 단순히 전체 소비자물가 상승률만 반영해 결정됐다. 식료품을 비롯한 생활물가지수는 지난해 8월보다 5.2% 올랐으며 특히 생선·채소류·과실류 등 신선식품 지수는 무려 13.8%나 급등했나. 주택 선세가격도 5.1% 상승했고 월세 역시 3.0% 증가해 15년 만에 최고치를 기록했다. 이명박 정부는 이 같은 현실을 전혀 반영하지 않고 단순히 지난 1년간의 소비자 물가 상승률만 반영했다. 전체 소비자 물가인 3.9%만 인상으로는 빈곤층의 생활이 불가능할 것이다. 전체 근로자의 평균 삶의 질이 올라가는 것에 비해 빈곤층은 상대적으로 더욱 빈곤을 느끼고 있고 그만큼 양극화가 심해졌다[세계일보, 2011.9.25].

우리나라는 무직가구가 줄어들지 않고 오히려 더 늘어났다. 2007년 3분기 중 무직가구가 전체 가구의 15.57%에 달했다. 총 가구 수 1641만7000가구 중 255만6000가구가 무직 상태였다. 지난해 3분기 무직 가구는 총 가구 수 1615만8000 가구 중 237만4000가구로 그의 비중은 14.69%였으나 1년 사이에 18만2000가구로 늘어나 0.88% 상승하였다. 무직 가구 통계를 작성하기 시작한 2003년 이후 가장 높았다 [중앙일보, 2007.11.29]. 무직가구는 가구주가 직업이 없어 직접적으로 근로소득이나 사업소득을 얻을 수 없는 상태로 대부분 배우자나 자녀가 생계에 보탬을 주거나 정부 지원금에 의존해 생활하는 가구이다.

최저 생계비 기준 이하 가구 비율인 절대 빈곤이 다시 늘어나는 악화 현상을 띠고 있다. 빈곤층은 244만 명에 이른다(2003년 기준). 절대 빈곤 비율은 1999년 9.35% 2000년 7.61% 2001년 6.50% 2002년 5.21% 2003년 6.13%. 실질 소득의 증가로 절대 빈곤율은 꾸준히 감소해왔다. 통계를 내기 시작한 1982년 절대 빈곤 인구(최저 생계 이하)는 30.0%였으나 2006년에는 4.86%로 급감했다. 그러나 중위권 국민소득의 50%에 못 미치는 인구 비율을 뜻하는 상대 빈곤율은 1982년 10.53%에서 2006년 11.2%로 오히려 증가, 우리 사회 구성원의 양극화와 상대적 박탈감이 심각함을 나타냈다. 은퇴 후 최소한의 생활도 유지하기 힘든 가구는 100만이 넘는다. 다시 말해서 은퇴빈곤층[60세 이상 은퇴자] 소득 인정액이 주관적인 최소생활비 미만이고, 아울러 법정 최저생계비 미만인 가구가 100만 명을 넘었다. 또 은퇴부유층은 소득 인정액이 주관적인 적정생활비 이상이며, 법정 최저생계비의 5배 이상인 가구다.

첫째, 2010년 현재 은퇴빈곤층은 101.5만 가구로 고령은퇴가구(264.3만 가구)의 38.4%(약 10명 중 4명)에 달한다. 반면 은퇴부유층은 3.2%인 8.4만 가구에 불과했다. 또 단독가구(독거노인)의 56.6%가 은퇴 빈곤층에 해당한다. 은퇴한 60세 이상 노인으로 구성된 102.4만 단독가구 중 빈곤층은 58.0만 가구(56.6%)에 달하며, 부유층은 1.2만 가구(1.2%)에 불과했다. 셋째, 은퇴빈곤층의 자산의 대부분은 거주관련 자산에 묶여 있었다. 은퇴 빈곤층의 평균 자산 7000만원 중 거주주택과 전월세 보증금은 76.7%를 차지해 처분 가능한 기타자산이 거의 없는 반면, 은퇴 부유층은 평균 자산 15억 7000만원 가운데 거주관련자산이 47.5%에 불과해 자유롭게 처분해 소비할 수 있는 여지가 많은 것으로 조사됐다. 넷째, 은퇴자 중에는 주택을 소유하고도 빈곤층으로 분류되는 가구가 전체 은퇴빈곤층의 51.7%나 됐다. 빈면, 은퇴 부유층 가운데 유주택 가구 비중은 96.4%에 달했다. 마지막으로 은퇴빈곤층은 금융자산이 매우 빈약하고 그 중 개인적으로 준비한 노후 자금(사적연금)의 평균은 61만원으로 미미한 수준이다. 한편, 은퇴 부유층의 사적연금은 2200만원으로 은퇴 빈곤층 보다 36배나 많았다. 준비되지 않은 은퇴는 노령가구를 빈곤층으로 전락시키고 세대 간 갈등을 유발하는 등 사회통합의 잠재 위협요인으로 작용한다 [현대경제연구소; 은퇴빈곤층(Retire Poor)의 추정과 5대 특성, 이데일리, 2011.8.21].

은퇴빈곤층을 줄이기 위한 단기 대책은 1. 주택연금과 즉시연금 가입을 활성화한다. 2. 복지제도 사각지대 해소와 은퇴 후의 재취업 기회를 늘린다. 중장기적인 대책으로는 본격적인 은퇴가 시작되는 베이비부머 세대와 그 이후 세대들이 은퇴 빈곤층이 되지 않도록 사적 연금을 활성화하고 정년을 연장한다.

55. 한국의 고도성장은 뼈아픈 고통을 유발하고 있다.

최근 우리나라 경제고통지수(Economic Misery Index)가 다시 높아지고 있다. 지난 2008년 금융위기 당시보다 높아졌다. 경제고통지수는 한 나라 국민이 느끼는 경제적 고통의 정도를 측정하기 위해 미국의 경제학자 아서 오쿤이 실업률과 소비자물가상승률을 기반으로 고안한 지표다. 물가가 오르거나 실업률이 상승하면 국민이 체감하는 삶의 고통이 커진다는 의미를 담고 있다. 우리나라 경제고통지수는 월평균 8.1%를 기록했다. 이는 월평균 7.8%를 형성했던 지난 2008년보다 높다. 경제고통지수는 2009년 6.4%, 2010년 6.7%로 증가했다 올 들어 상승세를 타면서 월평균 8.1%에 이르렀다. 올해는 지난 5월 7.3%를 저점으로 6월 7.7%, 7월 8.0%에 이어 8월 8.3%를 기록하며 연속 상승했다. 이 같은 경제고통지수 수준은 지난 2000년 이후 가장 높은 수준이다. 전 세계 주요 국가들의 경제고통지수도 치솟고 있다. 경제협력개발기구(OECD)국가 중 지수가 가장 높은 국가 순위는 스페인(24.2%), 그리스(19.5%), 슬로바키아(17.0%) 순이고 미국

(12%)은 10위, 일본은 4.4%로 대상국가 중 가장 양호한 수준이다. 우리나라는 27개 국가 중 22위이다. 우리나라의 경제고통지수를 상승시킨 요인은 대부분의 국가들과 달리 물가상승률이었다[파이낸셜뉴스, 2011.10.13].

한국의 GDP규모는 세계 13위권이지만 우리나라 삶의 질은 GDP규모가 큰 39개국 가운데 최하위다. 경제적 파이는 커졌지만 삶의 질은 계속 떨어지고 있다. 우선 국내총생산(GDP) 대비 사회지출 비중은 2000년과 2008년 모두 31위로 바닥권에 있다. 보건은 의료접근성(인구 1000명당 의사 수)과 유아사망률, GDP 대비 의료지출 등은 2000년과 2008년 모두 28위로 저조했다. 우리나라보다 순위가 낮은 나라는 터키와 멕시코뿐이었다. 자살률과 범죄율, 도로사망률로 구성된 사회적 안전 지표는 2000년 24위에서 2008년 26위로 하락했다. 실업률과 GDP 대비 노령지출, 노령 고용률, 산업안전 등의 경제적 안전 지표 순위는 2000년과 2008년 모두 29위를 기록했다. 지니계수도 한국은 2000년에 12위로 양호했으나 2008년은 23위를 기록해 11계단 내려갔다. 상대빈곤율 순위도 2000년 19위에서 2008년 24위로 밀렸다. 기대수명 지표 순위는 2000년 25위에서 2008년 20위로 5계단 상승했다. 지난 20년 동안 한국은 1인당 국민소득이 급격히 늘었지만 삶의 질에 대한 만족도는 정체됐다. 소득은 크게 늘어나고 있지만 행복은 정체되고 있다. 성장과 사회통합, 성장과 환경의 조화를 이루는 경제성장 전략 및 정책이 절실하다[한국개발연구원, 이투데이, 2011.8.21].

대한민국이 첫 걸음마를 뗀 1948년 우리 국민의 평균 수명은 46.8세에 그쳤다. 나이 60을 넘기기 힘들어 환갑장치를 치루는 것이 인생 일대의 큰 행사였다. 자식들은 환갑을 맞은 부모를 위해 최대 행사를 마련했다. 소득수준이 급속히 증가하면서 삶의 질이 개선되었고 의료기술이 꾸준히 향상 향상되면서 평균 수명이 2006년 79.1세로 크게 늘었다. 이는 58년 전보다 32.3세나 연장된 나이다. 또한 국제비교에서도 한국의 평균 수명은 경제협력개발기구(OECD) 평균 수명보다 0.2세 많다. **평균수명의 지속적인 증가는 인구의 조기 고령화로 이어졌다. 그러나 이를 뒷받침하는 경제의 고도화 속도는 더 이상 따라가 주지 못했다.** 1960년 한국은 가구당 출산율이 6명으로 고출산 국가로 분류됐다. 이는 당시 OECD 가입국 평균의 배에 달하는 수치였다. 그러나 산아 제한 정책과 가족 개념의 변화, 개인주의의 확산 등으로 출산율은 꾸준히 하락해 1990년(1.9명) 들어 OECD 평균보다 적어졌다. 그러나 출생률 하락 속도가 너무 빨리 앞 당겨져 2006년에는 1.13명으로 OECD 국가 중에서 최하위를 기록했다. 90년대까지 산아 제한 정책을 폈던 정부도 결국 2000년대 들어서는 출산 장려 정책으로 전환해야 됐다. 조기 고령화로 퇴직을 연장하고 노령인구의 생산 투입과 취업 장려를 적극적으로 나서게 되었다. 출산 장려정책 표어의 변천; 출산율이 높았던 1960년대의 가족계획 표어는 '덮어놓고 낳다 보면 거지꼴을 못 면 한다', '3명 자녀 3년 터울로 35세 이전에 단산하자' 등이었다. 1970년대에도 '딸. 아들 구별 말고 둘만 낳아 잘 기르자' 등으로 당시 정부의 강력한 산아 제한 정책을 뒷받침했다.

1980년대의 표어는 '잘 키운 딸 하나 열 아들 안 부럽다', '하나로 만족 합니다 우리는 외동딸' 등으로 성별 구분 없이 1명만 낳자는 정책을 강조했다. 저출산에 대한 우려가 본격화된 2004년에는 '아빠 하나는 싫어요. 엄마 저도 동생을 갖고 싶어요.'란 표어가 등장했다. 2006년에는 '낳을수록 희망 가득 기를수록 행복 가득'이라는 표어로 다산을 권장했다. 소득 수준과 의료 기술의 향상은 노인 인구의 증가를 가져왔다. 65세 이상 노인 인구가 차지하는 비율은 1955년 3.3%에서 2007년 9.9%로 늘었다. 이에 따라 1955년에는 16.7명의 생산 가능 인구(15~64세)가 노인 1명을 부양하면 됐지만 2007년에는 7.3명당 1명으로 노인 부양 부담이 증가했다. 노인복지 생활시설은 1956년 전국 37곳에 불과했지만 2007년에는 1천498개로 급증했다. 65세 이상 노인에 대한 건강보험 급여비 지출 비중도 1990년 8.6%에서 2007년에는 28.5%로 크게 늘었다. **1970년 공적 의료보험 적용률은 전 인구의 0.1%에 불과했다. 이후 500인 이상 사업장을 대상으로 의료보험 제도가 본격 실시된 1977년 8.8%의 적용률을 보였다.** 1988년 농어민 의료보험, 1989년 도시지역 의료보험 도입으로 **2006년에는 98.1%의 공적 의료보험 적용률을 기록, 사실상 '전 국민 의료보험' 시대를 열었다.** 1955년 해외로 입양된 아동의 숫자는 모두 55명이었으나 국내 입양은 전무했다. 해외 입양은 1987년 7천949명으로 정점에 달해 아동 수출국이란 오명까지 들었다. 그 후 서서히 계속 감소해 간 끝에 드디어 2007년에는 2007년 1천388명으로 감소했다. 그러나 현재 선진국 문턱에 들어선 소득수준에 도달했지만 핏줄에 대한 순수 혈통주의와 유교적 폐쇄적 가족주의 의식이 강해 해외입양이 국내입양으로 흡수되지 못하고 있다.

한국의 GDP 성장은 장기간 7% 이상 유지해 온 결과 이제 세계 13위권에 들지만 국민연금, 건강보험, 고용보험, 산재보험 등을 포함한 사회보장기여금 (사회보험+공적연금) 지출은 10년 사이 4배 증가했다. 국내총생산(GDP) 대비 사회보장기여금 비중은 해년마다 급속히 증가 하는 추세를 보였다. 지출규모 : 1995년 39만2천원, 2005년 159만, 증가 추이: 2000년 3.9% 2004년 5.1% 2005년 5.5%[OECD분류 기준, 경향신문, 2008.5.13.]. 그러나 한국은 사회보장기여금의 절반 이상을 근로자가 부담해 주요 선진국에 비해 가계가 느끼는 체감 부담이 훨씬 컸다. 이 같은 현상이 발생한 것은 전액을 본인이 부담하는 자영업자가 많기 때문인 것으로 본다.

2005년 전체 세수 대비	한국	미국	프랑스	독일
사회보장기여금 비중 근로자 비중 고용주 비중	21.0% 12.1% 8.9%	23.4% 10.8% 12.6%	34.2% 9.2% 25.0%	36.6% 17.4% 19.2%

공무원과 교직원에 국한해 공적 연금이 도입된 1980년 18세 이상 취업자를 대상으로 한 공적 연금 적용률은 5.6%에 그쳤다. 그러나 국민연금 제도가 도입된 1988년 31.9%로 급상승했고 이후 농어촌과 도

시지역 가입자 확대 사업을 거쳐 2006년에는 82.1까지 적용률을 높였다. **유럽 선진국은 이미 1960년대 요람에서 무덤까지 보장해 주는 기초연금을 실현하였던 시대를 열었다. 한국은 국민 대부분이 국가에서 연금을 받는 1960년대의 유럽과 비교해도 한창 뒤떨어져 있다. 또한 지역 분포에서도 공적 연금의 확산은 지역 간에 현저한 차이를 보일 가능성이 높다.** 우리나라의 전국 의사 숫자는 1949년 4천375명에 불과했다. 당시 의사 1명당 4천615명을 진료했다. 2007년 면허 의사 숫자는 9만1천475명에 달한다. 의사 1명당 진료 인구는 530명으로 1949년에 비해 8분의 1 수준으로 줄었다. 국민의 의료 접근성이 크게 개선됐다. 그러나 **서울 수도권과 대도시 지역을 제외한 중소도시와 농촌 지역의 의료 혜택은 여전히 현격한 차이를 드러내고 있다.** 극심한 양극화 현상이 벌어지고 있다. 종합병원은 1970년 전국을 통틀어 12개에 불과했으나 2006년에는 295개로 늘어났다. 그러나 종합병원은 주로 도시지역에 집중되어 있어 농촌은 종합병원은커녕 일반병원 없는 곳이 부지기수로 많다.

한국경제가 성장할수록 무주택 은퇴자가 날로 늘고 있다. **은퇴자 중에는 주택을 소유하고도 빈곤층으로 분류되는 가구가 전체 은퇴빈곤층의 51.7%나 됐다.** 반면, 은퇴 부유층 가운데 유주택 가구 비중은 96.4%에 달했다. 은퇴빈곤층은 금융자산이 매우 빈약하고 그 중 개인적으로 준비한 노후 자금(사적연금)의 평균은 61만원으로 미미한 수준이다. 한편, 은퇴 부유층의 사적연금은 2200만원으로 은퇴 빈곤층 보다 36배나 많았다. 준비되지 않은 은퇴는 노령가구를 빈곤층으로 전락시키고 세대간 갈등을 유발하는 등 사회통합의 잠재 위협요인으로 작용한다. 은퇴빈곤층을 줄이기 위한 단기 대책은

1. 주택연금과 즉시연금 가입을 활성화한다.

2. 복지제도 사각지대 해소와 은퇴 후의 재취업 기회를 늘린다.

중장기적인 대책으로는 본격적인 은퇴가 시작되는 베이비부머 세대와 그 이후 세대들이 은퇴 빈곤층이 되지 않도록 사적 연금을 활성화하고 정년을 연장한다[현대경제연구소; 은퇴빈곤층(Retire Poor)의 추정과 5대 특성, 이데일리, 2011.8.21].

1차 베이비붐 세대(1955~63년생)의 은퇴가 시작됐다. 1차 베이비붐 세대는 한국 전쟁 이후 태어나 산업화 초기 유년기를 보낸 이들로 콩나물시루 같은 교실에서 수업을 받고 소 판 돈으로 대학을 다닌 사람들이다. 자신의 노후준비보다 부모 봉양과 자녀 뒷바라지가 우선이라고 생각하는 세대이다. 이 세대는 728만 명에 이른다. 전체 인구의 14.9%에 달하는 이들의 집단 퇴장은 한국 경제에 큰 파장을 일으킬 것으로 보인다. 1차 베이비붐 세대의 고달픈 삶의 현장을 보면 한국인들의 경제적 실상을 절절히 느낄 수 있다. 추석을 맞는 기분이 작년 같지 않네요. 가족 · 친지들은 아직 제가 퇴직한지 모르거든요. 혹시 이번 명절 때 퇴직 사실이 알려지면 다들 한마디씩 할 텐데…. 5개월째 예금까지 까먹고 있자니 차례 비용에 조카들 용돈 줄 일도 부담됩니다. 동창 모임에 지인들 경조사는 왜 이리 많은지…. 새 일자

리 구하고 싶은데 마음처럼 쉽지 않네요. 아이들 학업 · 결혼 비용 마련하려면 펀드 · 보험 깨는 걸로는 턱없이 부족하니 큰일입니다. 대기업 임원으로 근무하다 지난 3월말 퇴직한 김윤수씨(가명 · 56)의 괴로운 심정이 고스란히 드러난 고백이다[머니투데이, 2011.9.10].

한국 사회에서는 한 자녀가 출생 때부터 대학교육을 마치기까지 들어가는 총양육비가 대략 2억6천만 원 든다. 이 양육비는 초 · 중 · 고등학교와 대학교를 다니는 동안 휴학, 재수, 어학연수 등을 고려하지 않는 비용이다. 이를 포함할 경우, 이 양육비는 어마어마한 규모로 늘어난다. 우리나라의 양육비는 OECD회원국 중 세계 최고 수준이다. 영아, 초, 중, 고 및 대학 기간별 양육비를 보자; (1) 영아기 3년간 지양육비 2466만원, 유아기 3년간 양육비 2937만6000원 (2) 초등학교 학생 6년간 양육비 6300만원 (3) 중학교 학생 3535만2000원 (4) 고등학교 학생 4154만4000원 (5) 4년제 대학생에게 4년간 양육비는 6811만2000원[2009년 기준, 뉴시스, 2011.1.3, 보건사회연구원 ; 한국인의 자녀양육 책임한계와 양육비 지출 실태]. 한 가계가 자녀 2명을 양육하면 약 5억2408만원이 들고 자녀 3명을 양육하면 7억8613만원이 소요된다. 특히 연령이 높아질수록 자녀양육비도 늘어난다. 또 출생 직후 3년간은 식료품비가 월평균 12만2000원이 들었다. 휴대폰과 인터넷 이용료 등이 포함된 교통통신비는 매월 11만2000원이 소요됐다. 사교육비는 초 · 중 · 고 기간 각각 28만6000원, 34만1000원, 33만5000원이 든다. 대학생은 공교육비가 54만1000원이 들었다. 자녀 1인당 지출되는 월평균 양육비는 매년 크게 증가했다; 2003년 74만8000원, 2006년 91만2000원, 2009년 100만9000원. 한국 부모들은 자녀양육에 대해 과중한 책임을 지고 있다. 이런 무거운 양육부담은 저출산의 원인이 되고 있다. 저출산에 대한 획기적인 대책은 무상교육에 가까운 혁명적인 교육비 절감을 위한 교육제도가 바꾸어지지 않으면 해결되기 어렵다. 민간가계들은 과중한 양육부담을 덜기 위한 국가적 지원을 바란다. 따라서 교육 및 저출산 관련 재정지출이 늘어날 수밖에 없으므로 시간이 흐를수록 재정부담이 커질 것이다. 그러나 이와 관련된 재정지출 확대는 높은 국방비와 기간시설 확충 관련 재정지출의 증대로 한계에 직면하고 있다. 한국인들은 노후생활 및 자녀양육 등의 계획을 수립해야 하지만 불안정한 경제현실로 그럴 형편이 못된다. 조기퇴직, 비정규직 등으로 부모의 일자리가 불확실하다[매일경제, 2011.4.14].

서유럽처럼 자녀들이 대학 과정부터라도 자녀 스스로 책임지는 사회분위기를 조성되어야 하지만 이 역시 한국현실이 받쳐주지 못하고 있다. 서유럽은 사교육비 부담이 전혀 없고 학비가 거의 들지 않는다. 또한 유럽의 고등학생과 대학생들은 쉽게 아르바이트 할 수 있으며 전공과 연계된 일자리를 구할 수 있다. 평생교육체계를 강화해 스스로 학비를 마련해 고등교육을 받을 수 있으면 좋겠지만 이 역시 한국의 교육체계는 준비돼 있지 않다. 평생교육을 받기 위해 추가 비용을 자신이 부담해야 한다. 우리나라 대학생들은 저리 학자금 융자를 받을 수 있는 제도는 있지만 매우 미흡한 실정이다. 우리나라 정부와 재정이 할 수 있는 행동반경은 비좁다. 정부는 지나친 물량 성장에 취해 있으며 환경조성과 구조개혁이 너무 더디다[머니투데이, 2011.9.10.].

한국인구의 4천 7백만 중 절반 이상이 대한민국 수도를 중심으로 움직이는 서울의 경제생활은 한국경제의 현실을 대표적으로 잘 대변한다. 그 이유는 서울의 경제생활이 한국경제를 이끌고 있기 때문이다. 그렇다면 서울 시민들의 경제생활은 어떻게 변모했을까? 서울인구는 1960년 244만5000명에서 2010년 1057만5000명으로 50년 만에 4.3배 늘었다. 서울 소비자물가(2010년)는 1965년보다 31.4배나 뛰었다. 자장면은 1975년에 비해 24.6배 올랐고, 시내버스 요금은 24.4배 상승했다. 영화 관람료는 같은 기간 21.3배, 대중목욕탕 요금은 27.9배 상승했다. 금반지 값은 지난 10년 동안 무려 338.4%나 뛰어올랐다. 지난해 유치원비는 1975년과 비교해 64.2배 올랐다. 국·공립대 등록금은 31.3배, 사립대학 등록금은 29배 인상됐다.

1970년 4.1%에 불과했던 아파트는 2010년 말 총주택의 58.8%를 차지했다. 서울의 총주택은 2010년 말 252만5210가구로, 1970년에 비해 194만1598가구(332.7%) 증가했다. 서울지역 자동차는 2010년 5월 현재 300만대를 돌파했다. 서울 인구 10가구 중 7가구 꼴로 자동차를 보유하고 있는 셈이다. 서울의 의료시설은 지난 50년 동안 2078곳에서 1만5571곳으로 7.5배 증가했다. 초등학교의 교원 1인당 학생 수는 지난 1960년 70.8명에서 지난해 19.3명으로 72.7% 줄어들었다. 서울에서는 하루에 256명이 태어나고, 193쌍이 결혼을 하며, 60쌍이 헤어졌다. 서울 지역에서는 하루에 644만 명이 지하철을 이용하고, 460만 명이 시내버스를 이용한다. 하루에 이사하는 서울 시민은 6524명이었다[2011 서울 통계연보, 경제투데이, 2011.8.28].

한국은 높은 교육열로 인해 학생들의 학업 성취도는 가장 뛰어나다. OECD 국제학업성취도평가(PISA·2009년 기준)에 따르면 한국 청소년은 읽기 능력에서 539점을 얻어 핀란드(536점)를 제치고 1위를 차지했다. OECD는 주요국 만 15세 학생의 읽기, 수학 등 학업성취도를 3년마다 조사하고 있다. 특히 대부분 선진국이 2000년 첫 조사 때보다 점수가 낮아진 반면 우리나라는 15점 향상된 점이 돋보인다. OECD 평균은 496점이었고 최하위권은 터키 칠레 멕시코 등이 형성했다. 한국이 학업성취도가 높은 것을 반길 수 있겠지만 학업 압박을 받는 학생들의 자살이 많다는 사실을 주목해야 한다.

세계는 21세기에 접어들면서 선진국은 살고 좋은 세상을 보내고 있지만 한국과 한국인들은 2000년대 들어서 연령대를 가리지 분노하고 있다. 분노는 세대별로 확연한 차이를 보여주고 있다. **한국인의 걱정거리 1·2위는 △20대는 진로 문제와 부족한 금전 문제 △30대는 비싼 주거비 문제와 부족한 금전 문제 △40대와 50대는 노후 대책이다. 모든 세대의 공통점이라면 다 같이 의식주에 해당하는 기본적인 욕구조차 해결되지 않았다고 느끼고 있다.** 이런 현실이 2011년 현재 세계 10

위권 경제대국 대한민국의 현주소이다[매일경제, 2011.9.21, 엠브레인; 국민인식 공동 조사].

20대는 진로 탐색과 자아실현에 한창이어야 할 나이지만 상당수가 생존 외에 다른 생각을 할 겨를이 없다. 많은 대학생들은 당장의 생활비 마련에 신음하는 판이다. 커피숍 서빙 같은 대학생들의 통상적인 아르바이트뿐 아니라 목욕탕 청소 같은 허드렛일까지 불사했지만 사립대의 높은 등록금을 모으기에는 역부족이다. 비교적 넉넉한 20대들도 불안함을 감추지 못한 채 분노를 표출하고 있다. 사회 부조리에 온몸으로 '저항'했던 선배 386세대의 20대 때와 달리 지금 20대들은 힘겨운 세상을 소리 없이 분노하며 적응하고 있다. 치열한 경쟁을 뚫고 대졸, 취업, 결혼, 출산이라는 숙제를 해결한 30대들에게는 또 다른 과제에 골머리를 알고 있다. 주거라는 난제다. 치솟는 전세금과 높아진 은행 문턱으로 난이도도 날로 높아지고 있다. 대기업 대리로 근무하는 30대의 한 젊은이는 2년 전 일만 떠올리면 지금도 울화통이 치민다. 2009년 당시 직장생활 3년차였던 회사원은 결혼을 하기 위해 1억4000만 원가량 주택담보대출을 받아 경기 성남시 분당구에 66㎡(약 20평) 규모 아파트를 장만했다. 급여의 40%가량을 이자로 부담해야 했지만 열심히 일해서 차곡차곡 갚아나가자는 마음에 내린 선택이있다. 그러나 젊은 사원의 당찬 포부가 무너져 내리기까지는 오랜 시간이 걸리지 않았다. 신혼여행을 다녀온 후 열흘 뒤 회식에서 무심코 꺼낸 말이 화근이었다. 집은 어디에 구했느냐는 팀장에게 분당에

20평짜리 겨우 샀다며 한 달에 100만원이 넘는 이자로 힘들다고 대답한 것이다. 팀장의 태도가 달라지기 시작했다. 주말에 예고 없이 회사로 불러내는 건 일상이었고, 평일에도 허드렛일만 시켰다. 함부로 대해도 절대로 직장을 그만두지 못하리라 생각한 모양이다. 업무 만족도, 자아실현 같은 표현은 김씨에게 딴 세상 이야기였다. 팀장이 다른 부서로 옮기기까지 1년 동안 김씨가 후배들에게 해줄 수 있었던 유일한 덕담은 "아무도 믿지 마라"였다.

마흔 줄에 접어든 나이 떼도 분노는 마찬가지이다. 복사기 대리점을 운영하는 김씨는 두 자녀를 둔 4인 가구의 가장이지만 10년 넘게 59㎡(18평) 전세 아파트를 벗어나지 못하고 있다. 박봉의 복사기 업체 영업사원으로 근무하던 김씨는 자녀들이 자라면서 더 많은 돈을 벌어야겠다는 생각에 4년 전 직접 복사기 대리점 사업에 나섰다. 하지만 최근 복사기와 토너 경쟁이 날로 치열해지면서 벌이는 월급쟁이 시절보다 오히려 못했다. 각각 초등학교 5학년과 1학년에 접어든 딸과 아들의 교육비 마련을 위해 보다 못한 아내는 인근 대형마트에 주부사원으로 취업했다. 김씨는 "부부 벌이 합쳐봐야 애들 학원비는 커녕 방과 후 교실 비용도 대기 힘들다"며 "내 집 마련은 꿈도 못 꾸고 있고 마이너스통장이라도 빨리 갚았으면 좋겠다."고 말했다. 경제난에 따라 희망의 끈을 놓고 스스로 목숨을 끊는 극단적인 선택에 나선 50대도 급증하고 있다. 50~54세 남성의 10만 명당 자살률은 2009년 기준 62.4명으로 20년 전인 1989년(15.6명)의 4배에 달한다[매일경제,

2011.9.21, 엠브레인; 국민인식 공동 조사].

한국의 사회적 신뢰(trust)는 국제비교에서 최하위권 수준이다. 한국은 사회적 신뢰 정도수준에서 칠레, 터키, 멕시코, 포르투갈, 그리스에 이어 6번째 자리를 잇고 있다. 유럽의 변방국가들이나 남미국가들 수준에서 맴돌고 있다. 덴마크 노르웨이 핀란드 등 북유럽 선진국들과는 비교할 수 없을 정도로 뒤 떨어진다. 사회적 소수자에 대한 관용(tolerance)에서도 43점을 받아 OECD 평균(61점)에 크게 미치지 못한다. 한국 사회는 여전히 편견과 선입견이 강하다는 것을 의미한다. 한국 사회는 지역 간 갈등이나 계층 간 갈등 등 사회적인 반목에 휩싸인 삼각한 수준이다. 이러한 인식은 한국의 모든 엘리트들이 동감하고 있다. 우리 사회의 갈등과 반목을 극복하고 상충되는 이해관계를 합리적으로 조율할 수 있는 시스템 마련이 시급하다. 그러나 사회 분위기는 따로 놀고 있다. 최근 우리 사회는 동남권 신공항, 국제과학 비즈니스 벨트 등 대규모 국책사업의 입지선정과 관련해 지역 간 갈등이 잘 보여주고 있다. 특히 선거 때마다 국가 차원의 합리적인 대안 모색보다는 지역 표심을 자극할 수 있는 정책이 정치권의 아젠다로 부각되었다. 복지와 관련해서도 사회적인 갈등이 심각한 수준이다. 지역 간 갈등이나 계층 간 갈등처럼 체감도가 높지 않아 바로 표면화되지는 않겠지만 복지재정을 둘러싼 세대 간 갈등도 심각하다 [건설경제, 2011.4.22].

56. 한국 시장은 정상적인 경쟁적 시장질서 속에서 움직이고 있는가?

한국은 자본주의 시장경제질서 속에서 살고 있다고 말한다. 시장경제는 반칙없이 공정한 경쟁이 이루어지는 시장에 기초한다. 한국의 소수 대기업들은 지난 65년 동안 지속적인 경제성장을 걸어온 덕분으로 이제 아시아 최고의 브랜드에 올라있다. 그 만큼 한국의 소수 대표기업의 실력이 늘어난 것이다. 삼성전자가 애플을 제치고 아시아 최고의 브랜드에 올랐다. 2011년 2위를 차지했던 삼성전자는 올해 1위에 올랐으며, 지난해 1위였던 소니는 3위로 밀려났다. 소니는 지난해까지 4년 연속 1위 자리를 지켰었다. 이와 함께 지난해 6위에 머물렀던 애플이 2위로 부상했다. 이어 네슬레와 파나소닉이 5위내 들었다. LG전자는 캐논과 함께 10위권 내에 이름을 올렸다. [샌프란시스코=연합뉴스, 임상수 특파원, 2012.7.6./CNBC가 시장조사업체인 닐슨과 미디어잡지 캠페인 아시아-퍼시픽의 공동조사 결과]. 이와 함께 아시아에 부유한 소비자들이 급증하면서 명품브랜드의 부상도 눈길을 끌고 있다. 루이뷔통, 버버리, 프라다 등 명품 브랜드들이 1천개 브랜드 가운데 84~271위를 차지했다. 하지만 인도와 중국 등 현지 브랜드는 오히려 퇴보, 브랜드 가치 100위내 포함된 기업이 한 곳도 없다. 중국 컴퓨터제조업체인 레노보와 인도의 유제품 업체인 아물이 각각 131위와 133위로 가장 높은 순위를 기록했다. 이들은 지난해 10위와 44위였다[캠페인 아시아-퍼시픽].

그러나 한국 시장은 여전히 수요공급 양쪽 모두 재벌그룹 계열 대기업들이 지배하고 있어 많은 시장들이 왜곡되고 있다. 이런 상태는 65년 이상 지속되고 있다. 2000년대에 들어와서도 특히 이명박 보수정부 출범 이후(1998~2012년) 재벌그룹의 계열사수는 확대일로에 있다. 이명박 정부 출범 이후 총수 재벌그룹의 순환출자를 활용한 계열사 지배정도가 더욱 심화됐다. 재벌총수의 소수지분을 통한 계열사지배가 더욱 강화된 것이다. 최근 5년 간 9개 재벌그룹의 전체 계열사에 대한 총수일가의 지분은 2007년 3.54%에서 올해 2.68%로 0.86% 줄었지만 같은 기간 계열사 지분은 42.23%에서 50.65%로 8.42% 늘어났다. 재벌총수 일가 지분 대비 계열사 지분 배수로도 같은 기간 12배에서 19배로 늘어난 것이다. 이와 같은 결과를 가져온 것은 지난 5년 동안 출자총액제한제가 폐지되고 순환출자가 유지되는 상황에서 **재벌총수의 소수지분으로 계열회사를 활용한 순환출자를 통해 무분별하게 계열사를 확장시켜 재벌총수의 지배력을 공고히 한 결과이다.** 그룹별로는 총수 일가 지분 대비 계열사 출자지분 배수에서 삼성 61.8배(0.95/58.75), SK 60.8배(0.8/48.6), 현대중공업 57.4배(1.21/69.42) 등의 순으로 높게 나타났다. 이어 한화 27.5배(1.96/53.97), 롯데 26.2

배(2.22/58.08), 현대자동차 12.4배(3.68/45.79) 등의 순이었다. 또한 이는 최근 5년 간 편입된 신규계열사의 총수일가 지분과 계열사 출자 지분 관계를 보면 더욱 명확히 드러난다. 최근 5년간 9개 재벌 신규 계열사 334개에 대한 총수일가의 지분은 0.6%인데 반해 계열사를 통한 출자지분은 62.52%로 총수일가 지분 대비 신규계열사 지분 배수는 104.4배에 달했다. 이 중 현대자동차를 제외한 8개 그룹은 1% 미만의 총수일가 지분으로 계열사를 확장해 왔다. 또한 한화, 삼성, 현대중공업은 지난 5년간 재벌총수 일가 지분은 늘리지 않은 채 계열회사 출자를 통해 계열사 지분만 각각 98.15%, 82.95%, 77.06% 늘어난 것으로 나타났다. 이들 3그룹을 제외한 총수일가 지분 대 계열출자 지분 배수에서는 롯데 409.1배, LG 141.8배, SK 129.8배, 한진 129.4배 등의 순이었다.

재벌총수의 소수지분으로 인한 계열사 확장은 경제력 집중을 초래해 결과적으로 중소기업과 서민상권의 활동영역을 좁히고 경제적 어려움을 가중하는 결과를 낳으며 점차 경제양극화를 심화시킨다. 또한 순환출자는 결국 기존 경영진들이 기득권 유지를 위해 참호를 파는 이른바 참호구축효과가 있어 대개 지배주주의 지배력 유지 및 강화, 승계를 위한 방법으로 이용되어 경제력 집중을 심화시키는 결과를 초래한다. 이 같은 피해를 줄이기 위해서는 신규 순환출자는 전면 금지하고 기존 순환출자에 대해서는 우선적으로 의결권을 제한한 후 매각을 통한 해소절차로 밟도록 해야 한다[서울파이낸스 임현수기자, 2012.

11.01./경제정의실천시민연합(이하 경실련); 총수가 있는 대기업집단 9곳(공기업 및 총수 없는 대기업 제외) 대상 총수일가의 지분구조와 계열사 출자현황 조사 결과].

상호출자·채무보증제한 **기업집단(대기업집단) 63곳의 총 계열사 수가 1천831개로** 지난달보다 16개 줄었다. 감소폭은 2008년 12월 이후 약 4년 만에 가장 크다. 현대중공업은 디젤엔진 제조업체 현대커민스엔진을 세웠다. CJ, 신세계, 영풍 등 3개 기업집단은 각각 1개 사를 계열사로 편입했다. 삼성은 온라인광고 대행업체 오픈타이드차이나 한국법인을 청산했다. SK는 통신설비 관리업체 브로드밴드디앤엠 등 4개 업체를 흡수 합병했다. 롯데는 식품가공업체 롯데후레쉬델리카를 흡수합병하고 청라에너지 지분을 매각했다. 포스코, 대우조선해양, 웅진, 한라, 대한전선, 동양, KCC 등 7개 기업집단은 각 1개 사를 계열사에서 뺐다. 농협은 '블루오션기업재무안정제1호PEF'가 계열사에서 제외되는 바람에 이 PEF가 지분을 보유한 대우로지스틱스 등 7개사의 지배력을 상실했다. 이 같은 총 계열사 수의 감소는 경기침체로 사업을 축소하거나 재벌의 몸집 불리기에 대한 비판의 영향으로 계열사 수를 줄였을 가능성도 있지만, 계속 이런 추세를 보일지는 더 지켜봐야 것으로 보인다[서울=연합뉴스 안승섭 기자, 2012.11.02./공정거래위원회].

법인세를 독식한 자도 재벌계열 그룹이 차지한다. **우리나라 상위 1%의 기업이 내는 법인세가 전체 법인이 내는 세금의 86% 이상 차지하였다.** 근로자 상위 10%의 근로소득세 부담률은 68%나 된다. 2011

년 전국 46만614개 법인 가운데 상위 1%인 4천606개사가 국세청에 신고한 총부담세액이 32조7천21억 원에 달했다. 총부담세액은 해당 연도에 법인이 신고한 법인세로 사업연도소득에 대한 법인세 산출세액과 가산세액의 합계액에서 공제감면세액을 차감한 액수다. 법인세 상위 1% 기업의 비중은 **46만614개 기업**의 총부담세액 37조9천619억 원의 86.1%에 이른다. 1%의 대기업이 평균 71억 원의 세금을 냈다. 적자 등으로 **법인세 총부담세액이 없는 법인은 21만2천895개(46.2%)**이다. 상위 2%에 속하는 9천212개사의 부담세액은 34조3천349억 원이다. 1% 법인보다 숫자는 두 배 늘지만, 부담세액은 5%(1조6천억 원) 증가하는데 그쳤다. 1% 법인과 나머지 법인 간 격차가 그만큼 크다는 뜻이다. 국가 예산의 토대가 되는 세수에서 상위 1%의 힘은 여기서 그치지 않는다. 지난해 상속세를 신고한 납세자 5천722명은 10조6천591억 원을 상속받아 1조5천545억 원(결정세액)을 부담했다. 이 가운데 대재산가 57명이 차지하는 비중은 5천42억 원(32.43%)이다. 이들은 1조8천659억 원을 물려받았다. 1인당 327억 원의 재산을 상속받아 88억5천만 원의 세금을 낸 것이다. 증여세도 마찬가지다. 작년 12만7464명이 32조5071억을 증여받아 3조8천198억 원의 세금을 냈다. 이중 1천274명이 13조4천454억 원에 대한 세금 1조2천933억 원을 물었다. 전체의 41.13%를 부담한 셈이다. 2010년분 소득에 대해 작년초 연말정산을 신고한 근로소득세 총결정세액은 15조6천863억 원이다. **근로자 1천717만7천명** 가운데 과세 대상인 **924만4천명(60.9%)**이 낸 돈이다. 이 가운데 상위 10%의 근로자가 부담한 세액은 10조6천

144억 원에 달한다. 상위 30%의 부담액은 14조3천630억 원이다. **277만3천여 명의 근로자**가 우리나라 전체 근로소득세의 92.2%를 짊어지는 구조인 셈이다. 납세 기준에 미달(과세표준 1천200만원 미만)해 **세금을 내지 않은 근로자**는 **593만3천명(39.1%)**에 달한다. 전체 근로소득자에서 차지하는 **과세미달 근로자 비중**은 2007년 42.1%, 2008년 43.2%, 2009년 40.3%로 해마다 낮아지는 추세를 보인다[서울=연합뉴스 유경수 기자, 2012.10.29./국세청 집계자료].

지주회사 전환 15개 재벌그룹의 계열사 635개중 편입계열사 441개이다. 올해 9월 말 현재 지주회사체제로 전환한 15개 재벌그룹의 계열사 635개 중에서 지주회사의 자·손자·증손회사로 편입된 계열사는 441개로 69.4%이고, 나머지 194개(30.6%)는 총수일가가 지주회사체제 밖에 남겨둔 채 지배하고 있다. 지주회사 편입률은 2010년 73.3%로 정점을 찍은 뒤 2011년 70.8%, 2012년 69.4%로 계속 낮아지는 추세다. 그룹별 지주회사 편입률은 지에스(GS)가 34.3%로 가장 낮고, 다음은 부영 35.3%, 엘에스(LS) 58.3%, 씨제이(CJ) 68.6%, 에스케이(SK) 74.4%의 순이다. 지주회사체제는 기형적 순환출자구조에 의존한 재벌의 소유지배구조에 비해 단순·투명하다는 장점을 갖고 있는 것으로 알려져 있다. **지주회사 체제 밖 계열회사의 경우 총수일가 지분율이 높을수록 내부거래 비중이 높은 것으로 나타났다. 지주회사 체제 밖 계열회사를 통해 총수일가의 부의 이전 수단으로 악용될 소지가 여전한 것으로 본다.** 지주회사 체제 밖 계열사의 내부거래 비중은 평균 10.7%이지만, 총수일가 지분이 많을수록 내부거래 비중이 상대적으로 높아진다. 총수일가 지분이 30% 이상인 경우 내부거래 비중이 18.3%로 높아지고, 지분이 50% 이상 이면 37%대로 껑충 뛴다. 총수일가의 지분이 100%인 경우는 내부거래 비중이 52%에 달한다.

일예로 에스케이그룹의 경우 2007년 지주회사체제로 전환했으나, 전체 계열사 90개 중에서 23개가 지주회사 체제 밖에 남아있다. 에스케이그룹 전체의 내부거래 비중은 22%이지만, 지주회사체제 밖에 있으면서 총수일가의 지분이 30% 이상인 계열사의 내부거래 비중은 65.7%에 이르고, 총수일가 지분이 100%인 계열사의 내부거래 비중은 80.6%에 달한다. 최태원 회장 일가가 55%의 지분을 갖고 있는 에스케이씨앤씨는 지주회사 체제 밖에 있으면서, 다른 계열사와의 내부거래 비중이 65.1%에 달했다. 에스케이씨앤씨는 에스케이텔레콤 등 7개 계열사와 다른 곳보다 유리한 조건으로 전산관리계약을 맺는 일감 몰아주기를 통해 부당지원을 받다가 지난 6월 공정위로부터 과징금 346억원을 부과 받았다. 두산의 경우도 그룹 전체 내부거래 비중은 5.8%에 불과하지만, 지주회사체제 밖에 있으면서 총수일가의 지분율이 30% 이상인 계열사의 내부거래 비중은 37%로 6배 이상 높다. 지주회사가 전체적으로는 지배력 확장 억제나 소유지배구조의 투명성 제고라는 취지에 부합하는 방향으로 나아가고 있지만 여전히 지주회사 체제 밖에 아직 상당수 계열사가 남아있고, 총수일가의 지분율이 높을수록 내부거래 비중도 높아 이를 통한 부의 이전 가능성이 상존하고 있다. 따라서 일감 몰아주기 등 총수일가의 사익추구 가능성에 대한 집중감시가 계속 필요하다고 본다[한겨레, 곽정수 선임기자, 2012.10.25.].

자산총액 기준 5조원 이상인 63개 대규모 기업집단의 계열사수 총 1831개에 이른다. 2012년 4월 현재 자산총액 기준 5조원 이상인 63개 대규모 기업집단의 계열사수는 총 1831개로 전년에 비해 277개 불어났다. 특히 이전부터 상호출자제한집단에 속해 있던 대기업의 계열사 확장이 두드러졌다. 전체 63개 기업집단의 평균 계열사수는 29개로 증가했지만 2년 연속 지정된 54개 기업집단 계열사는 31개로 늘었다. CJ의 계열사수는 1년 새 19개 늘었고 KT와 동부의 계열사수는 18개씩 불어났다. 대성은 포디알에스 설립 등으로 계열사수를 12개 늘렸고 포스코와 현대백화점은 지분 취득, 인수 등을 통해 계열사수를 9개씩 불렸다. SK는 계열사수는 94개로 전년에 비해 8개 증가했다. SK는 재계 서열이 앞서는 삼성(81개)이나 현대자동차(56개)보다 계열사가 많았고, 재계 1위를 차지했다. 대기업 평균 계열사수는 지난 1997년 27개에서 외환위기 직후인 2000년에 18개까지 줄었다가 다시 증가세로 돌아섰다. 특히 상호출자제한 기업집단 기준이 자산총액 2조원 이상으로 변동된 지난 2002년 이후 10년째 증가세가 계속되고 있다. 대기업집단의 평균 계열사수는 지난해 28개로, 이미 이전 최고인 1997년 수준을 돌파했다.

저자약력

저자 **양 종 기**(梁 鍾 基)

- 연세대학교 경제학과, 학사
- 독일 자유 베를린 대학교 Diplom-Volkswirt
- 독일 자유 베를린 대학교 경제학 박사
- 건국대, 단국대, 숙명여대, 성균관대 강사
- 서경대학교(구 국제대학) 전임교수
- 한독경상학회, 유럽학회, 한독사회과학회 이사
- 고합물산 사외이사
  현재 E&I Center 대표

❒ 저서와 주요 논문 및 연구보고서

- Die Crowding-Out Problematik im Rahmen der Kurz- und Langfristigen Analyse, Peter Lang, 1987(mana cum laude; 최우수 박사 논문).
- 화폐금융론, 진영사, 1997년
- 위기가 기회다, 공저, 다산출판사, 1998년
- 기관투자가의 자산운용(공저), 국민연금연구센터, 1998년
- 한국의 자본시장과 경제발전(공저), FESKOR SYPOSIUM, 1988년
- 경제이론과 정책, 예맥, 2002년
- 경제의 이해, 원출판사, 2007년
- 거시경제학, 원출판사, 2008년
- 화폐금융 국제금융, 원출판사, 2009년
- 시장경제와 경제이론, 원출판사, 2009년
- 알기 쉬운 투자론, 신론사, 2010년
- 경기 안정화와 재정지출 및 통화정책, 경상논총, 1987년
- 한국의 자본시장과 경제발전, 경상논총, 1988년
- 환율결정과 그의 변동, 투자금융, 1989년
- 합리적기대하의 통화금융정책, 국제대학논문집, 1990년
- 토빈의 Q이론과 통화 및 공채 발행의 국민 경제적 파급 효과, 투자금융, 1989년
- 금융자유화, 국제화에 따른 통화정책의 유효성 제고 방안에 관한 연구, 1990년
- 독일 지방재정과 지방의회에 대한 연구, 지원연구논문, 1992년
- 독일 연방과 주 및 게마인데(Gemeinde)의 공채관리에 관한 연구, 지원연구논문 1992년
- 스위스, 독일, 영국의 금융제도에 대한 비교 연구, 지원연구논문, 1995년
- 기관투자가의 자산운용, 지원연구 보고서, 1998년
- 독일 연방과 주 및 게마인데(Gemeinde)의 공채관리에 관한 연구, 연구보고서, 1992년
- 공채발행을 통한 재정금융정책의 효과에 대한 고찰, 한국산업 연구, 1992년
- 미국 단기금융시장에 관한 소고, 투자금융, 1994년
- 多資産市場, 實物市場, 財政政策, 서경대학교논문집, 1994년
- 스위스, 독일, 영국의 금융제도에 대한 비교 연구, 지역연구, 1996년
- 공채발행의 국민 경제적 파급 효과, 서경대학교 논문집, 1996년
- 주요 선진국의 금융정책 전략에 대한 소고, 산업경영연구, 1998년 12월
- 한국은행의 목표인플레이션 관리에 대한 고찰, 산업경영연구, 2000년
- 남북한 경제교류협력의 변화와 과제, 통일연구, 2000년
- 통일 이후 독일 금융의 변화 추이, 금융, 2001년
- 유럽의 자산관리업과 은행 진출의 동향, 금융, 2002년
- 유럽금융의 구조적 특성과 은행대출경로, 산업경영연구, 2002년
- 최근 미국 은행산업의 변화와 추이, 금융, 2003년
- 재정정책이 경제성장에 미친 이론적인 고찰, 사회과학논문집, 2007년
- 한국 자본주의의 모습과 특성 및 성격, 2010년

[양종기 박사의 경제이야기_1] **국민행복시대가 열릴 것인가?**

초판 인쇄 • 2013년 3월 7일
초판 발행 • 2013년 3월 14일
저 자 • 양 종 기
발 행 인 • 정 성 열
발 행 처 • 도서출판 ONE
주 소 • 서울특별시 마포구 신수동 448-6
등 록 • 제313-2003-427호
전 화 • 02-323-8536
팩 스 • 02-323-8531

저자와의 협의하에 인지생략

ISBN 978-89-6481-119-1

정가 13,000원

- http://one-book.co.kr